新しい出会いを
活かして

心理学
ジュニア
ライブラリ

転校を心理学する …………………… 小泉令三

08

北大路書房

心理学ジュニアライブラリ

08

新しい出会いを活かして

転校を心理学する

小泉令三

北大路書房

目 次

序章 はじめに伝えておきたいこととこの本の読み方 …5
この本で伝えたいこと／新しい体験を活かす／そこで助けになること／まとめとこの本の読み方

1章 新しい環境に移るということ …………………14
キーワード：アンカー・ポイント／人間関係や生活の中のアンカー・ポイント／2種類のアンカー・ポイント／これから続く章について

2章 転校生がやって来た！ ………………………22
どこから来たの？／きっと，こんな子／イメージから行動へ／おかしな言葉／自分も転校生？／この章のまとめ

3章 もし，私が転校生になったら …………44
「転校することになった！」／転校の準備／情報を集めよう／最初の友だちはだれ？／自分の友人関係を見てみよう／古い友だちと新しい友だち／自分を表現する／自分の友だちづきあいは上手？　下手？／1度めよりも2度め／この章のまとめ

4章 海外への転校，海外からの転校 ……………84
え！　海外へ転校！？／カルチャー・ショック／しぐさの違い／海外生活を活かす／自分は何人？／日本への帰国／海外から帰国した生徒を迎える／外国人の転校生／この章のまとめ

終章 新しい環境に移ること……じつは転校だけの話じゃないことを覚えていますか？ …………………………111

はじめに
伝えておきたいことと
この本の読み方

◆――この本で伝えたいこと

『おれたちの転校生』『宇宙からきた転校生』『三年二組の転校生』『転校生とぼくの秘密』『転校生レンカ』『あいつはタレント転校生』『転校生は湖の魔術師』『すっごい転校生がくる！』……

はじめから，説明もなく「転校生」の言葉が並んでいるので，「なんだこりゃ！」と思ったかもしれません。これらはすべて，小・中学生向けの本やマンガの題名です。じつはまだまだあるのです。

本だけではありません。私が中学生のころ，「時をかける少女」というテレビドラマがありました。ある日，不思議な転校生の女の子がやってきます。彼女は，最初は自分でも気づかないのですが，時間の間を動

時をかける少女……

くことができる，つまりタイムスリップの能力があるという話です。これは，ある小説をドラマ化したものですが，とてもハラハラ，ドキドキしながらテレビに見入った覚えがあります。

　どうして，「転校生」というのはこのように小説やマンガのテーマになりやすいのでしょうか。それは，そこに新しい出会いがあり，それまでの生活とは違うできごとや事件が起こるかもしれないからです。転校生が来るらしいといううわさを聞くと，とたんに「どのクラスだろう」とざわめきたちます。そして，自分のクラスだとわかると，「どんな人が来るんだろう？」「勉強やスポーツは得意なんだろうか？」といろいろ想像します。そんな経験はありませんか。

　転校生自身はどうでしょう。だれも知らないクラスに入るのですから不安があるでしょう。でも新しい友だちをつくったり，新しい経験をするチャンスでもあるのです。

　この本では，転校のように新しい環境に移るときのことについて考えます。とくに私がみなさんに伝えたいのは，次の2つのことです。

＊あなたが新しい環境に移るとき，あるいはそういう人を迎えるときに，それを活かしてほしい。
＊そのために，少し気をつけておくと助けになることがあるので，それを知ってほしい。

この 2 つのことをみなさんに伝えるために，心理学を中心にこれまでわかっていることやその考え方を使って，この本の中で説明していくつもりです。

◆──**新しい体験を活かす**

　先の 2 つの点について，どうしてこれらが大切だと考えるのかについてちょっとお話します。まず 1 つめの「新しい環境に移るとき，あるいはそういう人を迎えるときに，それを活かしてほしい」という点です。

　みなさんは，自分だけで初めて電車やバスに乗ったときのことを覚えていますか。それまでにお父さんやお母さんが途中のようすを教えてくれたり，あるいは「こうするんだよ」とやり方を見せてくれたりしたかもしれません。でも，切符を買う，改札口を通る，機械に切符やカードを通す，どれもちょっと緊張しますね。電車やバスの中では，自分が降りる駅や停留所を間違えないかと，しょっちゅう気をつけていないといけません。後から考えると，なんでもないことですが，最初はやっぱり少しドキドキしたり心配したりします。でも，そういう緊張や新しい経験を通して，バスや電車の乗り方が身につきます。そして，自分の行動できる範囲が広がっていきます。他の乗り物に乗るときの参考にもなるでしょう。新しい体験が生きています。

　同じように，転校したり進学したりといった新しい環境に移る経験は，そのときはドキドキや不安がある

でしょうが，人間として成長できるチャンスなのです。資料1は，20歳近くになった人が，子どものときの転校体験について答えてくれたものです。もう10年も前のことですが，そのときの友だちとの出会いが良くて，その体験が今も生きているのがわかると思います（資料1と後に出てくる資料2は，濱地千恵美さんという人が大学を卒業するときにまとめた論文の資料を参考にしています）。

資料1　転校で人生が変わった！（大学生の話）

私は，小学校4年生のときに1度，転校した経験があります。それで，私の人生は変わったという感じがします。というか，あのまま前の学校にいたら，どうなっていたかなと思います。前は都会の学校で，そこでは私はけっこうおとなしくて，引っ込み思案でした。自分でも，"転校してみたいなあ"なんてぼんやり思っていたんです。

そしたら，突然転校することになりました。田舎で，それもすごく元気のいい感じの学校でした。まず，制服がないのにびっくりして，なんて自由な学校なのかなと思いました。それと，学校ではできるだけ裸足になることになっていました。男子は体育の時間は上半身が裸なんです。朝は，学校に行ったら，すぐに裸足で校庭をマラソンすることになっていました。この学校で，新しい友だちができて，自分が積極的になれたと思います。

序章　はじめに伝えておきたいこととこの本の読み方

ただし，新しい学校やそこでの経験が，いつも良い結果になるとは限りません。不幸なことですが，2001年4月に兵庫県で，小学6年生の男の子が，転校した学校にうまくなじめなくて，その後，何かのことについて注意したお母さんを，カッとなって包丁でさして死なせてしまうという痛ましい事件が起きました。直接の原因が何なのかはよくわかりません。でも，新しい学校での生活がうまくいっていなかったことが事件のきっかけの1つだったのは間違いないと思います。

みなさんは，遠足やハイキングで山に登ったことがあるでしょう。道を歩いていくと道しるべが立っていて，右に行くと○○峠，左に行くと△△谷などと書いてあるのを見たことがあると思います。そこで道を間違えると目的地には行けません。ちょうど分かれめなのです。

これと同じように，新しい環境で新しい出会いを経験するということは，ちょうど右と左に道が分かれる「分かれめ」に立っているようなものなのです。それがうまく活かせれば，資料1の大学生のように成長のきっかけになり，とても有意義な体験となります。その後の生活や人生に，大いに役立ちます。ところが，それがうまく活かせないと，新しい環境になじめなくて，時間と経験がむだになり，かえって生活が荒れたりすることがあります。私の言いたいこと，あるい

さて，どちらに？

は願いは，こうした「分かれめ」でみなさんがぜひ新しい出会いや体験を活かしてほしいということです。

◆──そこで助けになること

では次に，私が言いたいことの2つめ，「少し気をつけておくと助けになることがあるので，それを知ってほしい」に移りましょう。先ほど，初めて自分だけで交通機関に乗ったときのことを思い出してもらいました。そのとき，たとえば前もって「バスや電車が混んでいたら，早目に席を立って出口まで移動しておかないと，さっと降りられないよ」と聞いていたとします。それを聞いておくと，おそらく，「混んでいるのに降りる駅や停留所に着くまで自分の席に座っていたので，ドアが閉まって降りられなくなった」ということにはならないでしょう。勇気を出して，「私，降ります！　ちょっと空けてください！」と大勢の人の中で大きな声を出す方法もありますが，ちょっとたいへんです。

さらに，聞くだけではなく，経験しているともっと助かることがあります。お父さんの仕事の関係などで以前に転校したことのある人ですと，次に転校するときには以前の経験からかなりのことを前もって予想することができます。それと，自分に余裕があります。資料2はそんな例の1つです。

ただし，体験していないと友だちのつくり方がわからないということではありません。大切なのは，新し

> **資料2　2回の転校経験（大学生の話）**
>
> 　ぼくは，小学4年生と中学1年生に，合計2回の転校をしました。小学校と中学校で，ずいぶん転校の雰囲気が違いました。友だちづきあいの方法が，小学生と中学生では違うじゃないですか。地域の違いもあると思います。
> 　それと，ぼく自身も変わりましたから。ぼくはもともと人見知りで小心者だと思うんです。小学校で転校したときは，たまに物がなくなったり上ぐつが消えたりしました。いじめられっ子になりかかったんです。でも，一度，いじめらそうになったときにけんかして力でやり返したんです。そしたら，その子となかよくなりました。そんなふうに，何回かけんかすると，勝ち負けはおいといて，友だちが増えるんです。
> 　2回目の転校のときは中学生になってましたけど，なんとなく友だちの作り方がわかった感じで，やっぱり最初はちょっとふっかけてくるやつがいるんですよ。そして，ごちゃごちゃやってなかよくなるんです。転校を2回もすると，だんだん初対面の人とのつきあい方も覚えてきました。転校は，ぼくの人生にはプラスになったと思います。

い学校に慣れるときにはこういうことが関係している，こうすると生活しやすい，というような注意しておくとよい点が「ある」ということに気づき，そして

それが「どのようなものか」を知ることです。

　例をあげましょう。テレビゲームのソフトの中には，ある場所やボタンをクリックすると，自分の得点が増えたり特別なアイテムが手に入る仕掛けのものがありますよね。初めてテレビゲームをやる人が普通にゲームを進めていると，何も気がつかないかもしれません。けれども，「そういった仕掛けやボタンがあるかもしれない。あるはずだ」と思って気をつけているなら，見つかります。また，そのゲームをよく知っている友だちに画面上の場所を聞いたり，詳しいやり方が書いてある攻略本を探す人もいるでしょう。そうした仕掛けが「ある」ということに気づいているから，それを探すのです。その存在を知らないなら，そのまま終わってしまうでしょうし，探そうともしません。そして，次にそれが「どのようなものか」がわかったなら，ゲームを進めるうえではとても有利になります。

　じつはこれは，新しい環境に移ってくる人を迎えたり，その援助をする人にも大切なことです。どんな人のことかといえば，たとえば転校先の新しい学校の生徒や先生，そして転校生の家族です。どうしたら，うまく転校生の必要にこたえて有効な援助をしてあげることができるかがわかるからです。

　ここまでの話でわかったと思いますが，新しい環境を経験する人にとって助けになることがあるんだ，そしてそれは具体的にはこういうものだということの要点をみなさんに知ってほしいと思います。

序章　はじめに伝えておきたいこととこの本の読み方

◆——まとめとこの本の読み方

　みなさんにこの本で伝えたい2つのことについて，もう一度，確認します。

> ＊あなたが新しい環境に移るときに，それを活かしてほしい
> ＊そのために，少し気をつけておくと助けになることがあるので，それを知ってほしい

　以上の点について，その意味と理由を説明しました。
　では，次の章から話を進めていきますが，1章では「新しい環境に移る」ということについて，共通して使うことのできるキーワードを1つ紹介します。その後，2章から4章までは，実際に新しい環境を経験する場面を取り上げて，話を進めていきますが，順に読む必要はありません。2章，3章，4章は，好きな内容から読んでもらってかまいません。もし，先ほどの1章が少しわかりにくいようだったら，途中でもう一度1章にもどると，きっとわかりやすいと思います。そして，終章はまとめです。
　それから，ところどころに「質問」があります。これは，ちょっと立ち止まって考えてほしいことがあるときに出てきます。まず答を予想して，それから先に読み進んでもらうとわかりやすいと思います。さあ，ではどうぞ。

新しい環境に移るということ

◆——キーワード：アンカー・ポイント

　転校すると，校舎や先生，友だち，勉強のやり方など学校のすべてが変わってしまいます。このように新しい環境に変わるのは，転校だけではありません。みなさんがこれから経験する高校や大学への進学も，環境が変わることの1つの例です。ここで，読者のみなさんに注目してほしい1つの大切な言葉，つまりキーワードがあります。

　新しい学校や環境に移ったときには，全部のことが一度にわかるようになったり，すべてのことにすぐ慣れたりすることはありません。どこかを出発点，あるいは拠点として，最初は少しずつ新しいものを理解したり，それに慣れたりしていきます。この拠点を，**アンカー・ポイント**といいます。

　つまりアンカー・ポイントというは，それを通して新しい環境とのやりとりが進んだり，深まっていく基

地のようなものと理解してください。少し例をあげてみましょう。

　大きなテーマパークに行ったときなど，入場したときのゲートや，最初に乗った乗り物（たとえば，大きな目立つジェットコースター）などを中心に，どこに何があるのか，どこを通ればどこに行けるのかがだんだんはっきりしてきます。もし，途中で自分がどこにいるのかわからなくなっても，最初の地点にもどるか，目印が見つかれば，だいたい見当がつきます。このゲートや，最初の乗り物であるジェットコースターが，アンカー・ポイントになります。

◆──人間関係や生活の中のアンカー・ポイント
　アンカー・ポイントは，初めて行くテーマパークや大きなショッピングセンターのような広がりをもった場所についてだけでなく，友だち関係にもあてはまり

ます。あなたに，Aさんという友だちがいたとします。そのうち，そのAさんを通して，Aさんの友だちのBさんと知り合いになり，あなたはBさんとも友だちになったとします。このとき，最初の友だちのAさんは，友だち関係づくりのアンカー・ポイントになっています。Aさんを拠点にして，友だち関係づくりが広がっていったからです。

　こうして，知り合いや友だちのネットワークが広がっていくことになります。ちょうど，テーマパークやショッピングセンターのような広い土地やあるいは大きな建物の中を"探検"して，しだいに中のようすがわかってくるように，人間関係でも知り合いや友だちの輪が広がっていくわけです。ですからこれは，人間関係の「探検」といえるかもしれません。私たちは，友だちや知り合い，そして年齢の違う人とのネットワークの中でたくさんのことを学びます。みなさんに，そうしたネットワークを広げて，毎日の生活を充実した楽しいものにしてほしいのです。

　それから，自分は直接その人と話したことがなくても，どういう人なのかという話や情報が，知り合いや友だちのネットワークを通して入ってくることがあります。これも，「探検」の成果の1つでしょう。ただし，その話や情報が正しいかどうか，信頼できるものかどうかは，また別の話ですが……。

　建物や場所，そして人間関係以外に，アンカー・ポイントの考え方を使うことのできるものがあります。

1章　新しい環境に移るということ

広がる友だちのネットワーク

　言葉や遊び，スポーツ，そして勉強などにもアンカー・ポイントの考え方があてはまります。
　外国の学校に長くいた日本人の子どもが日本の学校に転校すると，日本語が十分でないときがあります。日本語が通じないと，何か中味のある話をしようとするときに困難が生じます。手ぶり身ぶりを使ったとし

ても限界があるでしょう。逆に，たとえ外国人でも，片言でもいいですから日本語が話せると，まわりの日本人はとても親しみを覚えます。本人も日本語が話せるということを通して，どんどん新しいことを学んでいくでしょう。

　同じ日本語の中でもさらに方言がありますから，これもとても大切です。方言を笑われてしまったので，あまり話さなくなった転校生がみなさんのまわりにいませんか。逆に，みんなにおもしろがられて，それでクラスの人に話しかけられることもあります。とにかく，言葉はとても重要なアンカー・ポイントの1つです。

　遊びの名前やルール，そして内容も，地方や学校によって違います。何がはやっているのか，ということにも関係しますが，たとえばおにごっこをして，そのルールが違うので最初にとまどってしまったという人がいます。逆に，新しい遊びやゲームソフトを紹介して，友だちができた転校生がいます。このときの新しい遊びというのは，前の学校ではやっていた指遊びで，あっという間に学年全体に広まってしまいました。

　スポーツでは，たとえばサッカーが得意で，昼休みにそれを通してクラスの友だちができたり，好きな水泳でスイミング・スクール仲間ができることがあるでしょう。勉強が得意だというのも，大切なアンカー・ポイントになることがあります。先生に名前を覚えてもらいやすいですし，友だちにもわからないところを

聞かれたりして，クラスに溶け込んでいきやすいからです。

このように，言葉，遊び，スポーツ，勉強なども学校生活では重要なアンカー・ポイントです。ですから，転校してこれらがすべて変わってしまうようなことになると，本当にたいへんです。

◆──2種類のアンカー・ポイント

このようにアンカー・ポイントは，とても重要なはたらきをしています。ただし，アンカー・ポイントには2種類あります。有意義な学校生活になるようなはたらきをするアンカー・ポイントと，逆のはたらきをするアンカー・ポイントです。前者を正のアンカー・ポイント，後者を負のアンカー・ポイントといいます。

言葉について，1つ例をあげましょう。外国から来た留学生の人が，友だちどうしの気軽な言葉づかいや特別な言い回しだけに慣れてしまって，ていねいな言葉や敬語がうまく使えないことがあります。これは，最初に正式な日本語を身につけていないからで，負のアンカー・ポイントの1つといえます。それに対して，時間をかけてでも，しっかりと基本から学ぶことができたなら，目上の人との話や正式な発表のときなどには困らないでしょう。とくに，日本語を書いたり読んだりするときには大いに助かるようです。ここでは，基本から学んだ日本語が正のアンカー・ポイントになります。

正と負のアンカー・ポイント

　友だち関係でも同じようなことが考えられます。学校でよく問題を起こすような人と親しくなり，あまり気が進まないのにその問題児グループに入れられてしまうことがあるかもしれません。この場合，学校生活はあまり順調には進まない可能性があります。予期しない事件に，偶然巻き込まれてしまうかもしれません。
　逆の場合はどうでしょう。友だちに誘われて入った部活動がとても気に入って，思い出に残る学校生活に

なることがあるでしょう。学校生活が楽しくなるようにいろいろ助けてくれる友だちとの出会いも大切です。とても充実した生活になると思います。

　もちろん，簡単に正と負のアンカー・ポイントを分けることはできませんし，これは正のアンカー・ポイントになるだろう，これは負のアンカー・ポイントになるだろうという予測がむずかしいこともあります。でも，少なくとも2つの方向性があるということは知っておいてほしいと思います。それから，同じものが正のアンカー・ポイントになることもあれば，負のアンカー・ポイントになることもあります。先ほど方言のことを説明しましたが，笑われてしまってそれで新しい学校がいやになるのなら，方言は負のアンカー・ポイントです。けれども，それでクラスの人気の的になるのなら正のアンカー・ポイントです。

◆──これから続く章について

　以上，アンカー・ポイントという言葉を簡単に紹介してきました。これから続く章では，新しい環境に移るということについて，みなさんが学校生活の中で経験するいくつかのできごとを取り上げて，説明します。今まで自分で経験したり，あるいは気づいていることが出てくるかもしれません。それらが，どういうふうにアンカー・ポイントという言葉と関係しているのかについて，もう一度注目してもらいたいというのが私の願いです。さあ，では始めましょう。

転校生がやって来た！

◆——どこから来たの？

　どのクラスにも、「早耳」の人がいるものです。こういう人は、どこからかいろいろなニュースを仕入れてきます。「ねえねえ、今度、転校生が来るらしいわよ」「えっ、ほんと？」「掃除の時間に、先生たちが職員室で話してるの、聞いちゃった」「どこから来るの？」「○○だって」……

　さて、ここで質問です。

質問1　上の会話で、"○○"の部分に、次のような言葉が入ったとします。そうしたら、その転校生についてどんなイメージをもちますか？

アメリカ　中国　アフリカ　フランス　メキシコ
北海道　東北　関東　四国　九州　沖縄
札幌　東京　新潟　大阪　京都　広島　福岡　鹿児島
同じ都道府県の中の、他の市や町や村

同じ市・町・村の中の，他の学校

　やってみたらわかると思いますが，"○○"のところに入る国や地方や都市の名前によって，ずいぶん転校生のイメージが違うはずです。たとえば「アメリカ」が入ったとします。「その転校生って，アメリカ人？」と聞きたくなるかもしれません。「ひょっとして，英語ペラペラ？」と思う人もいるでしょう。あなたが東京に住んでいるとして，「大阪から来た転校生」と聞くと，関西言葉のおしゃべり好きな人をイメージするかもしれません。あるいは，同じ町の中のあまり評判の良くない中学校だったら，「ワルじゃありませんように」なんて思いで，お互いに顔を見合わせるかもしれません。

　このように，まだ本人に会ったわけでもないのに，「○○から来た転校生」の"○○"の部分の言葉で，

ずいぶんイメージが変わってしまいます。そしてそのイメージが，みなさんの間で意外とよく似ていることがあるものです。

　もっと一般的にいうと，出身地だけではなく，性別，年齢，人種，親の職業などを手がかりにして，「それだったら，〜な人に違いない」などと単純に考えることをステレオタイプ的な見方といいます。「年寄りだから，〜に違いない」「○○の仕事をしているんだから，〜性格だと思う」のように，私たちは，毎日の生活の中でこういう考え方をよくしているものです。

　これについては，本ライブラリの『人についての思い込みⅡ』（06巻）も読んでみてください。

　さて，セコードという心理学者が，次のような実験をしました。[★1]彼は，非常に黒人らしい特徴の顔から非常に白人らしい特徴の顔まで，少しずつ変化している10枚の顔写真を用意しました。黒人らしい特徴の写真というのは，膚の色が黒く，髪の毛は黒くて短いちぢれ毛で，唇が厚く，目の白い部分がよく目立つような顔を想像してください。一方，白人らしい特徴の写真は，膚が白く，髪の毛はブロンズでさらりとしています。瞳は青で，薄い唇の顔を考えたらいいでしょう。途中の8枚の写真は，こうした特徴が少しずつ変化して，だんだん反対側の特徴に移っていくようになっています。

　それらの写真を人に見せて，それぞれが性格などについてどんな特徴をもつ人だと思うかをたずねたので

2章　転校生がやって来た！

す。そうすると、どの程度の混血までなら黒人とするかは、人によってかなりまちまちでした。ですが、いったん黒人だと判断すると、それが10枚の顔写真のどれであっても、黒人の性格を表す特徴をもっていると答えたのです。ここで「黒人らしい特徴」というのは、臆病でずるがしこいといったイメージらしいのです。あまりいい特徴ではありませんね。しかも、こうしたイメージは、写真の人物が好きか嫌いかや、黒人に対する偏見、つまりかたよった見方が強いか弱いかに関係なく、こうした結果になったのです。

　つまり、どんな人を黒人と考えるのかや、個人的な好き嫌い、そして黒人の人に対する偏見の程度に関係なく、いったん「黒人だ」と判断すると黒人らしいと考えられている特徴を勝手に思い浮かべるということです。少しずつ変化している連続した写真ですが、一度、「この人は黒人だ」と思うと、「黒人だから、臆病でずるがしこいはずだ」というイメージをもってしまうということです。別の人は、その２つ隣のもっと白人の特徴が入っている写真ぐらいから「これは黒人だ」と思うかもしれません。その場合は、その写真から「黒人だから……」と思ってしまうわけです。「本人に会ってもないのに、勝手に決めつけないでよ！」という声が、写真から聞こえてきそうな気がします。みなさんはどうですか。

　ですから、転校生についても、まず最初に「○○からの転校生」と聞いたときに、「そうだったら、～に

違いない」と，勝手に決めてしまうのはよくありません。あなたが今，どこに住んでいるかによって違うでしょうが，たとえば「都会から来た転校生」あるいは「遠くの田舎から来た転校生」というような分け方をして，それだけで判断すると実際の転校生のようすとずいぶん違うことがあるはずです。自分勝手なイメージで決めつけないで，まずは最初の出会いを大切にしましょう。

◆――きっと，こんな子

さて，うわさ話に花が咲き，新しい転校生についてあれこれ想像するのはワクワクするものです。あまり関心のない人でも，どんな子だろうと興味ぐらいはあるはずです。

そして，ついに転校生がやってきました。担任の先生に連れられて教室に入ってきた転校生。先生の紹介の後，本人のあいさつです。どんな声でどんなことを言うのか，全員が注目します。服装，姿勢，顔，歩き方，話し方，あいさつの内容。とにかく，みんながじっと見ています。それが終わると，先生が席を決めます。そして，転校生の着席。

クラスの人はこの転校生について，どんな印象をもつのでしょう。どんな転校生だと思ったでしょうか。予想と合っていたか違っていたか。じつは，どんな印象をもつのかということについても，いろいろなことが関係しています。まず，簡単な例を紹介しましょう。

2章 転校生がやって来た！

　立川惠利さんという中学校の先生が，ある中学校のクラスで，別の中学校の1人の男子生徒の自己紹介のようすをビデオで見せました。もちろん，クラスの中でビデオの中の生徒に会った人はだれもいません。ビデオの中の男の子は，正面を向いて話しています。ちょうど，転校生が新しいクラスで自己紹介をするような場面を想像してください。

　しばらくビデオを見せた後，「この生徒はどんな子だと思いますか。賢さ，頭の良さといった勉強についてと，明るさ，活発さといった性格について，自分の感じたイメージを書いてください」と質問しました。見た人がいろいろ書いてくれましたが，その中の一部を簡単に次に紹介します。

①賢さ，頭の良さといった勉強について
　〇賢そうに見えた。週1回，外国人と話すことや，堅実(けんじつ)そうな髪型。
　〇まじめで英語が得意とは，たいそうできる人だと思う。
　〇頭良さそう。文系が得意そう。
　●あまり頭がいいように見えなかった。
　●しゃべり方があまり頭のいい人って感じじゃなかった。
　●国語が，苦手そう。
②明るさ，活発さといった性格について
　〇明るそう。活発さもありそうで，体育もできそう。
　〇けっこう明るくて，活発なほうだと思った。
　〇活発。

- ●あまり明るくないと思う。ちょっと根性曲がってそう。
- ●活発じゃない。教室のすみで，ひとりでいるような感じがした。
- ●しゃべり方がかたかったので，暗いかもしれない。

　どうですか。全員が同じビデオを同時に見ているのに，こんなに印象が違います。ビデオの中の中学生について，○印のついている人は「賢そうだ」「性格は明るい」と感じましたが，●印の人はまったく逆に感じています。

　じつは，このクラスの人が特別だったり，あるいはビデオに出てきた生徒が普通と違うのでこういう結果になったのではありません。別のクラスで，別の人のビデオを見せたときにも，同じような結果が出てきました。その話を聞いて，「数学が得意そうだ」「活発そう」「明るそう」と感じた人と，「頭が良くなさそう」「活発な人ではない」「暗い人」と逆のイメージをもった人がいるのです。

　私たちは，まわりの人についていろいろなことを感じます。それは当然のことなのですが，その感じ方はけっして全員が同じではないということをまず知ってください。転校生が自己紹介して，席に着きます。このように，目の前の同じひとりの生徒の行動を同時に見ていても，いろいろな印象を受けるものなのです。自分とはまったく逆のイメージをもつ人もいるのです。「今度の転校生は，こんな子だ。みんなも，そう

2章　転校生がやって来た！

感じている」と思い込まないでください。それに，クイズの答えのように「正解」があるわけではありません。いろいろな見方があって，しかもどれかが合っていて他は違うというようなものでもないのです。

　じつは，まだまだ判断材料が少ないのです。ですから，これからの学校生活の中で，転校生について，もっといろいろなことがわかってくると思います。

こんなに違うイメージ！

◆──イメージから行動へ

　さて，「新しい転校生は心のやさしい子だ」というイメージをもったとします。そうすると，そのイメー

ジによって接し方も変わってくるでしょう。

　このように，受けたイメージによって行動が変わってくるようすを実際に試したケリーという心理学者がいますので，簡単に紹介します。図1に，その実験のおおまかな流れを示してあります。彼は，大学生に，授業の時間に新しい先生を紹介しました。そのときに，1つのグループには紹介の中で「あたたかい」という言葉を入れ，もう1つのグループには「冷たい」の言葉を入れました。紹介する内容そのものは，新しい先生がどういう学校でどんな勉強をしてきたのかということや仕事上の能力などですから，本当にありそうな内容の話です。さて，この後実際に，この新しい先生が教室に入ってきて約20分間話をしました。もちろん，紹介する内容と先生の話は，どちらのグループでもまったく同じです。

　そして，その後でまずこの先生がどんな人物だと感じたかを調べたところ，やはり2つのグループでずいぶん印象が違っていました。「あたたかい」と紹介されたグループは，この先生は思いやりがあり，社交的で，ユーモアに富んだ人だと感じていました。「冷たい」と言われたグループは，ちょうどその逆のイメージでした。

　さて，ここでさらに興味深いのは，この2つのグループの人たちの授業中の行動です。新しい先生についての印象だけでなく，授業の受け方も違っていたというのです。この先生の20分間の授業の間に，「あたた

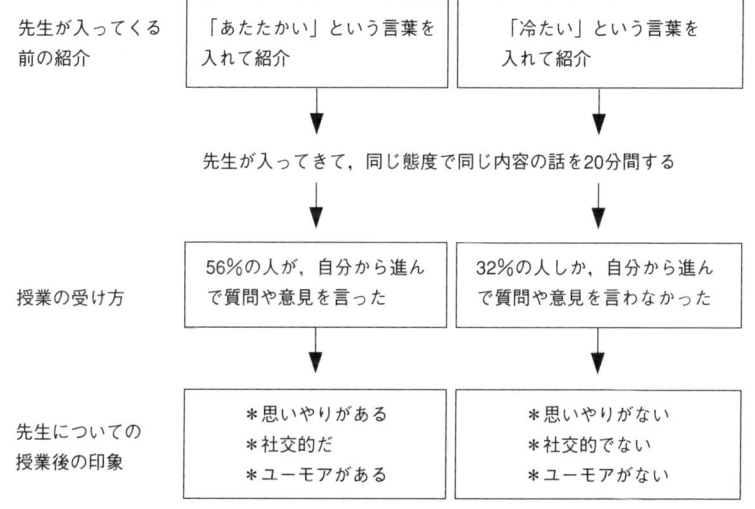

図1 「あたたかい」と「冷たい」でこんなに違う！（ケリーの研究の流れ）★2

かい」と紹介されたグループでは，56%の人が自分から進んで発言して授業に参加していました。ところが，「冷たい」と紹介されたグループでは，32%の人しか質問や意見を言わず，他の人は授業に一生懸命ではありませんでした。ちょっとした紹介のされ方の違いが，その人に対する印象や実際の行動まで変えてしまうことがあるのです。

以上のように，言葉によっては一度聞いただけで「〇〇だ」というイメージや印象ができてしまうことがあり，それで実際の接し方や言葉かけなどが変わってしまうことになりやすい，ということは覚えておくとよいでしょう。

ちょっとした言葉や少ない情報で判断して「〜な人だ」と思い込んでしまうと，もっと話したり実際に友だちづきあいをしたらわかることとは，ずいぶん違った印象をもってしまう危険性が高くなります。黒人と白人の顔を見せていろいろ判断してもらった先ほどのセコードの実験でも，見せたのは写真だけです。会ったこともなければ，話したこともありません。いっしょにおしゃべりしたり，何か仕事をすると，もっと多くの情報が利用できるはずです。少ない情報で判断するのはやめましょう。

　その判断が，相手に対するあなたの行動にも影響するのです。言葉や話し方，そしていろいろな場面での接し方が違ってきます。たとえば，新しい転校生が校内放送で保健室に呼び出されたとします。「知らないだろうから，教えてあげよう」と声をかけるか，あるいは「変なやつみたいだから，黙って見ていよう」と意地悪く見ているだけなのかというように，一つひとつの行動が，転校生に対する判断によって違ってくることになるのです。

　転校生の話から少しはずれますが，じつはこのことはいじめの問題などにも関係あります。シカトしたり，仲間はずれにするのは，ほんの小さなことが原因になっていることが少なくありません。たとえば，「〇〇と言ったらしい」というあまり確かでない話や，ある１人の人が思い込みで言い出した「だれそれは，〇〇だ」といううわさがそうです。自分の見方が間違って

2章 転校生がやって来た！

いるかもしれない，ということをいつも覚えていると，少ない情報で判断したり，それをもとにした行動（話し方や接し方）で相手を傷つけることは少なくなるでしょう。

◆──おかしな言葉

さて，転校生の最初のあいさつは，クラスのみんなが注目しています。そこで聞く転校生の最初の言葉。もし，おもしろい言葉づかいやおかしな話し方だったら，みんなドッと笑っちゃいますよね。

でも，転校生のほうはどうして笑われるのか，その理由がわかりません。「えっ！」と驚いたり，恥ずかしくて赤くなってしまうかもしれません。そうです，言葉（方言）の違いはとても大切です。

方言は，ただしゃべり方が違うだけではありません。使っている言葉がまったく新しかったり，また同じ言葉でも違う意味になることがあります。たとえば，「なおす」という言葉は，「修理する」という意味だけではなく「もとのところに片づける」という意味に使う地方があります。「なげる」についても，「放り投げる」という意味が一般的でしょうが，地方によっては「捨てる」というときにも使います。

テレビ番組やドラマの中で共通語や方言を聞くことが多いので，私たちはだいたい違いがわかっているような気になっています。けれども，実際にそうした言葉の違いに出合ってみるとずいぶん驚くことが多いのです。

> 質問2　次の人のうちどちらが「早く新しい言葉に慣れよう」という気持ちが強いと思いますか？
> (ア)　方言を話す地域から，標準語を話す地域へ転校した人
> (イ)　標準語を話す地域から，方言を話す地域へ転校した人

じつは，この問題を小田義彦という心理学者が小学校の転校生について調べています。それによると，(ア)の方言を話す地域から標準語を話す地域への転校生のほうが，「新しい言葉（つまり標準語）に早く慣れよう」という気持ちが強いようです。ただし，「標準語はなじみにくいなあ」という感想をもつ人は多いとのことです。

私も東京で勤めている友人から，こんな話を聞いたことがあります。地方（つまり方言を使っている地域）から東京に出てきた大学生の多くは，早く東京の言葉に慣れようと努力するそうです。そして，自分の生まれ育った地方の方言はあまり使いたがらないように思う，と言っていました。東京の言葉がそのまま標準語

ではありませんが，かなり近いものです。大学生や20歳代の人は，とくに自分の周囲の人との違いに敏感ですから，こうした傾向が強いのでしょう。ただし，関西弁の人は自分の言葉に誇りをもっていて，あまり変えようとはしないということも耳にします。

　さて，先ほどの質問2では，2つの場合しか出していません。けれども，実際には方言を話す地域から別の方言を話す地域への転校もあります。しかも，どの程度言葉が違うのかはいろいろです。言葉は毎日の授業や遊びの中で必ず必要なものですから，それが自由に使えなかったり，しゃべるときに笑われたりしたのでは，本当に転校生はたいへんです。ストレスいっぱいの毎日でしょう。

　ですから，転校生の人が使った言葉でわからないものがあったら，「それどういう意味？」と聞いたり，逆に転校生のわからない言葉は教えてあげてください。さらに，「大阪デー」とか「東京デー」，「九州方言コーナー」などを作って，転校生の人に説明してもらうのもよいのではないでしょうか。

　朝の3分間スピーチの時間に，転校生に新しいクラスで言葉についてとまどった話をしてもらって，あらためて自分たちが使っている言葉の中で，他の地域から来た人にはわかりにくいものがあることを知った人がいます。国語の方言の学習や，社会での日本各地の学習だけでなく，いろいろな機会を探してほしいと思います。

じつは，質問2の(ア)や(イ)のどちらでもそうですが，小田さんの調査によると，新しい地域の言葉に早く慣れた転校生は，そうでない転校生よりも，学校生活での満足感が高かったり充実感が強いのです。新しい学校生活を楽しむために，言葉が大きな意味をもつことがよくわかります。もちろん，転校生自身の言葉への取組み方が大きく関係しているでしょうが，転校生を迎える人たちも，言葉（方言）の大切さをもう一度，心にとめておいてほしいと思います。

◆――自分も転校生？

　転校生が来るのは，1年の中でいつと決まっているわけではありません。でも，お父さんの仕事の都合や家の事情で，4月に転校する人が多いのではないでしょうか。それで，仮に4月に転校生が来るとして，みなさん，次の質問をちょっと考えてみてください。

> **質問3**　新しい学年の4月に転校生がやってきました。次のうち，どちらのクラスに転校した人のほうが，新しいクラスに慣れるのが楽だと思いますか？
> (ア)　クラス替えがなく，クラスのみんながそのままいる学級
> (イ)　ちょうどクラス替えがあって，新しくできた学級

これはだいたい見当がつきますよね。(イ)のクラスに転校するほうが，転校生は慣れやすいと考えられます。なぜでしょう。

　クラス替えがないと，前の学年の友だち関係がそのまま残っていますから，転校生はその中に入っていかなければなりません。すでになかよしグループができてしまっています。あまりうまくいっていない人たちどうしもいるでしょうから，そういう人たちとのつきあい方もちょっとたいへんです。知らずにどちらかの人となかよくなると，もう一方の人には「敵」になってしまうかもしれません。

　ところが，クラス替えがあるとずいぶんようすが違います。何人かは前の学年の同じクラスの人がいますが，初めて同じクラスになる人が大勢います。クラスの人たちは，新しい友だち関係をつくっていく最中なのです。ですから，新しいクラスで友だちをつくっていく転校生とよく似ています。「自分たちも転校生だ」と考えたほうがいいかもしれません。もちろん，転校生に比べると新しいクラスの人たちどうしは，互いの顔を見たことがあったり，名前ぐらいは知っていることが多いでしょう。でも，クラス替えがない場合に比べるとずいぶん違うはずです。

　次の図2は，こうしたことを実際に調べた結果です。小学校高学年（5・6年生）の人に，「クラスの中で親しい人を7人まで書いてください」と，4月から7月まで1か月ごとに聞きました。そして，友だちを選ぶ

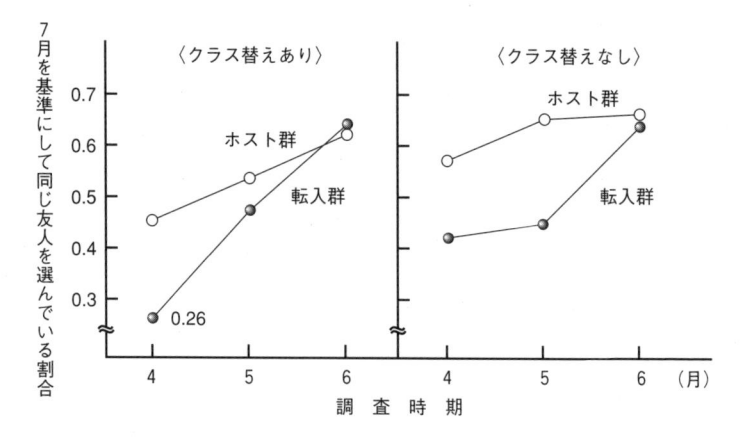

図2 親しい友だちは、どれくらい変わらないのか★4

ときに、毎月、どれくらい変わらずにいつも同じような人を選んでいるかを調べました。4月に転校した人（転入群とよびます）と、その転校生を受け入れたクラスの人たち（ホスト群とよびます）が比べてあります。

　グラフの縦軸は、7月を基準にしてどれくらいの友だちを同じように選んでいるかを示しています。たとえば、クラス替えのあったクラスでの転校生（転入群）の4月の数値は0.26です。これは、7月に選んだ親しい友だちのうち、4月にも選んでいたのは約4分の1だけで、あとの4分の3は4月には選んでいなくて、途中で親しくなった友だちだということを示しています。

　5月に注目してください。クラス替えがあるとホス

ト群と転入群はかなりよく似たレベルになりますが，右のクラス替えがない場合はまだずいぶん開きがあります。6月になると，クラス替えがあってもなくてもだいたい同じようなレベルになります。このことから，クラス替えがないと，転校生と受け入れ側の差が長く続いて，転校生はそれだけクラスに慣れるのに時間がかかることがわかります。

　クラス替えがあると，クラスの人も新しい友だち探しや友だちづくりをさかんにしているのです。つまり，このような意味では全員が転校生のようなものなのです。

クラス替えがあると……

　このように，どういう状態のクラスに転校するかによって，新しい学校での転校生の生活がかなり違った感じになるのです。

さらに中学校や高校での調査があるといいのですが，残念ながらまだ報告されていません。ただし，中学校以上では，毎年クラス替えをすることがありますので，少し話が違ってきます。ですから，学年のはじめの転校が「クラス替え」のある場合，そして学年途中の転校が「クラス替え」のない場合に似ていますね。

　では，実際にはどんなことに気をつけたらよいのでしょうか。とくにクラス替えのない学年の最初や，学年途中での転校生については，転校生によく配慮してください。すでに友だち関係やグループができている中に，転校生は自分の「居場所」を見つけなければならないのです。孤軍奮闘（こぐんふんとう）という言葉があります。援軍がいなくて，孤立してひとりで戦うことですが，まさにひとりぼっちかもしれません。最初の1～2か月は，ストレスいっぱいだと思います。受け入れる自分たちの状態がとても影響力があることを，まず心に留めておいてください。そして，みんなで支えあってすばらしい出会いにしてほしいと心から願っています。

◆——この章のまとめ

　ここで，前の章で紹介したアンカー・ポイントというキーワードを思い出してください。これは，新しい環境に慣れていくときの拠点だと説明しました。アンカー・ポイントとなる友だちを通して，新しい学級や学校とのやりとりが進み，知り合いや友だちのネットワークが広がっていきます。言葉や遊び，そして得意

2章　転校生がやって来た！

な教科やスポーツなども，新しい学校に慣れていくときにとても大切なアンカー・ポイントになると説明しました。さらに，アンカー・ポイントには2種類あって，有意義な充実した学校生活につながる正のアンカー・ポイントと，逆のはたらきをする負のアンカー・ポイントがあると紹介しました。

　さて，この章では，あなたのクラスに新しい転校生がやってくるとしたら，どんなことに気をつけたらいいのかということを見てきました。じつは，いくつか見てきたことはどれも，転校生が新しい環境で正のアンカーポイントを見つけていくのを妨害する可能性のあることばかりなのです。

　まず，「○○から来た転校生」というときの，その○○という地名だけで勝手にイメージをもってしまうことがあるということ，そして，そうしたイメージが実際の行動にも影響することを見てきました。たとえば，転校生に対する最初の言葉かけが違ってしまいます。「○○地方って寒いから，外で遊べなくてつまんないでしょ。何やってたの？」という言い方だと，転校生は「えっ？　そんなことないよ」と，ちょっと不愉快に感じるでしょう。次の言葉が続かないかもしれませんし，感情的になることさえあるかもしれません。それがまた，良くないイメージを与えるかもしれません。

　それから，転校生についての最初の印象はいろいろあって，人によってはまったく正反対のこともあると

いうことを見てきました。それなのに，グループで発言力のある人が，「今度の転校生，きっとスポーツ万能よ」と決めつけてしまうと，そのイメージが強くなってしまうことがあるでしょう。そして，実際に体育の時間になって，「なんだ，思ったほどでもないじゃない」と，転校生を見下すようなことになるかもしれません。

　ここで大切なのは，最初の印象やイメージが間違いのないものだと思い込んだり，そのままもち続けたりするのは良くないということです。「まだ，あまり転校生のことを知らない」ということを頭においておくと，転校生とのかかわりの中で新しい情報が入りやすく，互いのことをよく理解できるようになります。これは，転校生の立場でいえば，気のあった友だちを見つけるという正のアンカーポイント探しの助けになるでしょう。

　方言については，地域によってそうした言葉の違いがあることはたいていの人が知っています。でも，実際に目の前の人が，違った方言で話すのを見ると，つい笑ってしまうことがあるでしょう。でも，転校生の身になってみると，すぐにはどうにもならないことなのです。むしろ，もし機会があるならば，クラスで「方言コーナー」などを設けて，クラスのみんなとは違う方言を使うことが出来るという転校生の特技を活かしてあげてください。

　自分たちのクラス替えのある・なしも，転校生の立

場で考えるとその違いはよく想像できると思います。クラス替えがなくて，すでになかよしグループができていると，転校生はなかなか仲間に入りにくいかもしれないのです。少なくとも，すぐに話のあう人，つまり正のアンカー・ポイントを見つけるには，少し時間がかかると予想されます。そうしたときの気持ちを理解してあげてください。

　「転校生が来る」と聞いたときの少しウキウキした気持ち，それは新しい仲間への期待です。それまでの経験を教えてもらったり，教えてあげたりできるチャンスかもしれません。お互いを大切にして，有意義な出会いにしてほしいのです。

3章

もし，私が転校生になったら

◆──「転校することになった！」

　前の章では，転校生を迎えるときの話でした。では今度は，自分が転校することになったら……。そういう状況を想定して，転校生はどんな経験をするのか，そしてどんなことに気をつけたらよいのかを考えてみましょう。

　みなさんの中には，小学生のときにすでに転校を経験した人がいるでしょう。けれども，中学生，そしてとくに高校生になると転校を経験する人の数はずいぶん少なくなります。これは，学校が変わるということは大きな変化なので，たとえば，もしお父さんが仕事の関係で転勤があるようならば，お父さんだけが単身赴任をして，子どもは転校しなくてもよいようにする家庭が多いためです。お父さん以外の家族は今までと同じ環境で生活ができますから，家族全体としての負担は少ないと考えられるからです。

さて,現実はどうあれ,ここではあなたが転校生になったと仮定してみましょう。ひとくちに転校といってもいろいろです。どの程度遠くへの引越しなのか,どのくらいの期間,新しい場所に住むことになるのか,その後また現在の場所にもどってくるのかどうか,それからどれくらい準備の期間があるのかなどが違いますから,いろいろなケースがあります(ここでいう準備とは,心の準備も含んでいます)。さて,質問です。

> **質問4**　お父さんかお母さんから,「まだ決まったわけじゃないけど,この3月末には転勤があるかもしれない。そしたら,学校を変わることになるよ」と言われたとします。あなたは,今の学校が好きです。さて,どうしますか。
>
> (ア)　「転校はいやだ」とはっきり言う。
> (イ)　一瞬「それはいやだ!」と思ったけど,どうせ

> 親についていくしかないので，何も言わずにあき
> らめる。

　この答は，今の学校がどの程度好きなのかや，あなたの性格によって違ってきます。ですから，どちらが正解ということはありません。ただし，この後のことを考えると，(ア)のほうが良いと言えます。なぜでしょうか。

　「話しても，親の都合で決まるんだからどうにもならないじゃないか」と思う人がいるかもしれません。いいえ，「どうにかなる」部分もあるのです。それは，転校のための準備と関係しているからなのです。どんな気持ちでもいいですから，まず家族に素直に話してみましょう。そのとき，どういう結果が予想されるかを，次にお話します。

◆——転校の準備

　私の研究室で，転校生のお母さんたちにインタビューをして，転校前後のようすを卒業論文にまとめた江口裕美さんという人がいます。これから出てくる資料のいくつかは，そのときの記録をもとにしたものです。

　まず資料3は，新しい引越し先の家を子どもといっしょに探したお母さんの話です。住む家については，いつも家族の希望で選ぶことができるとは限りません。ある程度選択する自由があったとしても，親の思

いや都合で決めてしまって,「はい,これが新しい家よ」ということのほうが多いでしょう。けれどもこのお母さんは,引越し先の家を決めるという手続きに,子どもを参加させようとしたのです。自分の希望や好みが反映された家ならば,新しい生活にも楽しみが増えます。

資料3　子どもといっしょに家探し（お母さんの話）

5月に転勤が決まって6月に家を選びました。家も長男が選びました。選びに選んで気に入ったのが今の家です。

学校を休ませて,子ども2人と私でかなり見て回ったのですが,長男が気に入らないのです。電車の都合で,これ以上遅くなると家に帰れなくなる時間になってきていました。そのときに,これで最後の1軒と思って見たのが今の家です。玄関に入ってすぐの庭を見たとたんに,中をまだ見ていないのに気に入ったようで,長男の心の中ではもう決めていたようです。犬が飼える家を探していたので,その条件をとても気にしていたらしいんです。こっちでは,長男と約束した犬を飼い始めました。

それから,資料4にはまず家族会議を開いて子どもに十分に説明し,自分で決定できるような機会を用意した例を紹介します。子どもの気持ちを大切にしたいという親の思いがよくわかりますね。

そして，子どものためにファックスも用意したそうです。この子どもが，「友だちの○○さんとは，ずっと友だちでいたい」とお父さんやお母さんに訴えたのかどうかはわかりません。でも，ファックスだったらその場ですぐに手紙のやりとりができますから，ずいぶん便利なのは確かです。インターネットを使っている家庭だったら，これからは電子メールという方法が加わるでしょう。

資料4　家族会議とファックス購入（お母さんの話）

まず家族会議を開いて，子どもたちに転校のことを知らせました。悪い面やたいへんな面，そして良い面もすべて伝えたつもりです。単身赴任にした場合，夫は月2回は帰ってこれること，それから転勤を断れることも伝えました。そうしたら，2人とも「家族といっしょにいたい，いっしょに住みたい」と言いました。ですから，子ども達は納得したうえでの転校です。

それから，引越しのときにファックスを買いました。前の学校の友だちとやりとりができるようにです。とても身近に感じるみたいで，しょっちゅうファクスを送ったり受け取ったりしています。

じつはこのように，子どもの転校についてとても神経を使ってくれる親がいます。引越しをいつにしようか，お父さんだけ先に引っ越して子どもは学年の変わ

3章 もし，私が転校生になったら

ファックスや電子メールで，いつもOK！

りめまで今の住所に残そうか，いつ引越しのことを話そうか，いつ学校に連絡しようか，などということによく注意しないと，転校がうまくいかないと感じているからだと思います。さらに，学校のことをいろいろ調べて，最初にどの学校にするかを決め，そしてその学校に通える地域に絞って住む家を探すようにしている親さえもいます。子どもの学校を最優先にしているわけです。

このように，お父さんやお母さんは最善の準備をしたいと願っていることがあるのですから，そのために自分の考えや思いを，できるだけ正直にストレートに伝えておくことをすすめます。「うちの親は，そんなこと考えてくれない」とあきらめている人がいるかも

しれません。でも、たとえそうであっても、自分の思いや願いはやはり言葉ではっきり伝えておくべきです。そうすると、「そういえば、○○と言っていた」と子どもの思いや願いを思い出して、何かを決めるときなどに意見を求めてくれるチャンスが生まれるかもしれないからです。

◆──情報を集めよう

さて、ほかに何かできることはあるでしょうか。あります。それは、新しく行く地方や学校について、できるだけ情報を集めることです。次の質問を考えてみてください。

質問5　あなたが転校することになったとして、さて新しい学校や地方について、どうやって情報を集めますか？　集める方法を2つ以上あげてみてください。

さて、いくつ思いつきましたか。まず地図を見て、どの辺りか確かめてみる方法があるでしょう。もしその近くに親戚の人などがいれば、すぐ電話してみる人も多いはずです。

それから、インターネットでの検索がありますね。最近は、インターネットでかなりのことを調べることができます。市役所や町役場がホーム・ページを開いていることが多いですから、どんなところなのだろう

北大路書房の図書ご案内

教育・臨床心理学中辞典
小林利宣 編
A5判 504頁 3495円 〒340円

教育現場の質的制度的変化や学問的な進歩に対応。約1400項目を、一般的な重要度により小項目と中項目とに分け、小辞典では不十分な内容を充実しながらコンパクトに設計。

発達心理学用語辞典
山本多喜司 監修
B6判上製 430頁 3592円 〒310円

発達心理学の分野に焦点を絞った日本初の用語辞典。社会の変化、高齢化社会の現状にも対応する952項目を収録。「発達検査一覧」ほか付録も充実。活用度の高いハンディな一冊。

改訂新版 社会心理学用語辞典
小川一夫 監修
B6判上製 438頁 3700円 〒310円

定評ある旧版の内容の整備・充実を図り、140項目を増補した改訂新版。人名索引も新たに整備したほか、中項目中心の記述方式を採用。授業・研究など幅広く、永く活用できる。

ちょっと変わった幼児学用語集
森 楙 監修
A5判 206頁 2500円 〒310円

7つのカテゴリー、遊び、こころ、からだ、内容・方法、制度・政策、社会・文化、基礎概念に区分された基本的な用語と、人名項目、コラムを収録した[調べる][読む]用語集。

価格はすべて本体で表示しております。
ご購入時に、別途消費税分が加算されます。

〒603-8303
京都市北区
紫野十二坊町12-8

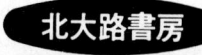

北大路書房

☎ 075-431-0361
FAX 075-431-9393
振替 01050-4-2083

好評の新刊

心理学マニュアル 要因計画法
後藤宗理・大野木裕明・中澤 潤 編著
A5判 176頁 1500円 〒310円

心理学の研究法としては一番オーソドックスな，実験の計画から統計処理までを扱う。単純か難解かに偏っていた従来の類書を克服した，実践的な内容となっている。

心理学マニュアル 面接法
保坂 亨・中澤 潤・大野木裕明 編著
A5判 198頁 1500円 〒310円

カウンセリングに偏りがちだった面接法を「相談的面接」と「調査的面接」の2つに分け概観を紹介するとともに，具体的な手順を解説し，より応用範囲の広いものとしている。

トワイライト・サイコロジー
心のファイルX 恋と不思議を解く
中丸 茂 著
四六判 274頁 1800円 〒310円

恋愛における非合理な心の動かし方や行動，また，超常現象，迷信等の非日常的な現象を信じること…そのような心理を解明をするとともに科学的なものの考え方を身につける。

マンガ『心の授業』
自分ってなんだろう
三森 創 著
A5判 136頁 1300円 〒310円

心はフィーリングでつかむものではなく，一つひとつ知識としてつかむものである。95％マンガで書かれた，誰にでも読める心理学の本。「心の教育」の教材として最適。

記憶研究の最前線
太田信夫・多鹿秀継 編著
A5判 上製326頁 4000円 〒340円

心理学における現在の記憶研究の最前線を，話題性のあるものに絞りわかりやすく紹介するとともにそのテーマの研究の今後の動向を簡潔にまとめ，研究への指針を提示。

ウソ発見
犯人と記憶のかけらを探して
平 伸二・中山 誠・桐生正幸・足立浩平 編著
A5判 286頁 2200円 〒310円

ウソとは何か？ 犯罪捜査での知見を中心に，そのメカニズムをわかりやすく科学的に解明する。「ポリグラフ鑑定」だけでなく，ウソに関するさまざまな疑問にも答える。

犯罪者プロファイリング
犯罪行動が明かす犯人像の断片
J.L.ジャクソン・D.A.ベカリアン 著
田村雅幸 監訳
A5判 248頁 2200円 〒310円

マスコミ報道などによって広められた隔たったプロファイリングのイメージを払拭し，化学的手法によって行われている実際のプロファイリングの内容の「真実」を伝える。

インターネットの光と影
被害者・加害者にならないための情報倫理入門
情報教育学研究会・
情報倫理教育研究グループ 編
A5判 198頁 1600円 〒310円

インターネットの利便性（光の部分）とプライバシーや知的所有権侵害・電子悪徳商法・有害情報・ネット犯罪等の影の部分を知り，ネット社会のトラブルから身を守るための本。

教育学―教科教育, 生徒指導・生活指導, 教育相談, 等

ケアする心を育む道徳教育
伝統的な倫理学を超えて
林　泰成　編著
A5判　224頁　2400円　〒310円

N・ノディングズの「ケアリング」の概念を解説したうえでその概念を応用した授業実践例を挙げ、関係性の構築による心情面の育成に力点をおいた道徳教育のありかたを呈示。

続 道徳教育はこうすればおもしろい
コールバーグ理論の発展とモラルジレンマ授業
荒木紀幸　編著
A5判　282頁　2400円　〒310円

大好評の前作より10年。この間、おおいに注目され、高い評価を得てきたコールバーグ理論に基づく道徳授業実践の、現段階での成果と今後の可能性についての集大成。

道徳的判断力をどう高めるか
コールバーグ理論における道徳教育の展開
櫻井育夫　著
A5判　286頁　3000円　〒310円

道徳性発達理論とアイゼンバーグの向社会性発達理論を中心に、認知発達理論を実際の道徳授業と関連させながら説明し、理論に基づいた具体的な授業展開の仕方も紹介。

生きる力が育つ生徒指導
松田文子・高橋　超　編著
A5判　248頁　2500円　〒310円

「現代社会における子ども」という視点を明確にしつつ、豊富な具体的資料やコラムを掲載し、読者が多次元的視点を身につけられるように編集。教師の役割を根本から考え直す。

図説 生徒指導と教育臨床
子どもの適応と健康のために
秋山俊夫　監修
高山　巖・松尾祐作　編
A5判　258頁　2427円　〒310円

現場で生徒指導・教育相談に携わってきた著者陣により執筆された教育職員免許法必修科目の「生徒指導」、「教育相談」、および「進路指導」のためテキスト。

生き方の教育としての学校進路指導
生徒指導をふまえた実践と理論
内藤勇次　編著
A5判　244頁　2233円　〒310円

生徒指導と進路指導は「いかに生きるかの指導」という面で一体化している。「入試のための進学指導」「就職斡旋のための職業指導」からの脱出を図ることをめざして書かれた。

あらためて登校拒否への教育的支援を考える
佐藤修策・黒田健次　著
A5判　246頁　1748円　〒310円

本書では登校拒否を、子どもが大きくなっていく過程で起きる一種の挫折体験であるとし、これに子どもが立ち向かい、それを克服していくような「教育的支援」を強調。

学校教師のカウンセリング基本訓練
先生と生徒のコミュニケーション入門
上地安昭　著
A5判　198頁　1942円　〒310円

教師自身にカウンセラーとしての資質・能力が要求される昨今。本書ではカウンセリングの理論学習に加え、その実践的技法の訓練を目的とし、演習問題と実習問題を収録。

心理学―社会心理, 認知心理

姿勢としぐさの心理学
P.ブュル 著
市河淳章・高橋 超 編訳
A5判 228頁 3000円 〒310円

姿勢とジェスチャーは非言語的コミュニケーション研究分野では比較的無視されてきた。本書はこの現状の何らかの形での打開を意図し, 有益な示唆やパースペクティブを与える。

[教科書] 社会心理学
小林 裕・飛田 操 編著
A5判 330頁 2500円 〒310円

この領域の最新の知見と展開を盛り込んだ社会心理学の本格「教科書」。全章の構成を, 個人→対人関係→集団・組織→社会へと配列, 予備知識なしでも理解できるよう配慮。

対人社会動機検出法
「IF-THEN法」の原理と応用
寺岡 隆 著
A5判 248頁 4200円 〒340円

対人社会動機検出の具体的方法として著者が開発し改良を重ねてきた「IF-THEN法」の総合解説書。対人反応傾向を量的に測定し新たな対人行動の研究領域の開拓をめざす。

偏見の社会心理学
R.ブラウン 著
橋口捷久・黒川正流 編訳
A5判上製 342頁 4500円 〒340円

オールポートの偏見研究から40年―今なお続く偏見について, 個人の知覚や情動, 行為などの水準にも焦点を当て, 研究のあらたな視点を提示し, 多様な偏見の形態を分析。

人間の情報処理における聴覚言語イメージの果たす役割
その心理的リアリティを発達と障害の観点からとらえる
井上 智義 著
A5判上製箱入 114頁 7000円 〒310円

従来ほとんど研究されることのなかった「聴覚言語イメージ」を, 実験計画にのせて具体的に実施したものを紹介。聴覚障害者の言語処理や, 言語教育も視野に入れる。

認知心理学から理科学習への提言
開かれた学びをめざして
湯澤正通 編著
A5判 2500円 〒310円

理科学習は認知的にも, 物理的・空間的にも社会的にも従来の枠を越えるべきとの問題意識から, 心理学・教育学・社会・教育現場の多様な分野より, より具体的な提言を試みる。

音楽と感情
音楽の感情価と聴取者の感情的反応に関する認知心理学的研究
谷口高士 著
A5判上製 176頁 4200円 〒310円

音楽のもつ感情性は私たちの行動にまで影響をもたらすが, それはどこまで一般化でき, 普遍性をもつのか。これらの問題に認知心理学的な立場でアプローチを試みる。

授業が変わる
認知心理学と教育実践が手を結ぶとき
J.T.ブルーアー 著
松田文子・森 敏昭 監訳
A5判 304頁 3200円 〒310円

今, 社会から強く要求されている学力を身につけさせるために, 認知心理学の成果を生かした新しい教育的手法を設計することを提案。認知心理学の専門用語の解説付。

心理学―教育心理，臨床・医療心理

要説
発達・学習・教育臨床の心理学
内田照彦・増田公男 編著
A5判 264頁 2500円 〒310円

従来の「発達・学習」領域に加え，教育臨床場面での「使える知識（いじめ，不登校，校内暴力等）」を多く組み入れて編集されたニュータイプ・テキスト。重要用語の解説つき。

学校教育相談心理学
中山 巖 編著
A5判 320頁 2600円 〒310円

学校での教育相談はいかにあるべきか，子どもの問題行動をどのように理解して対応したらよいのかなど，教育相談の本来の意義と方法について考えることを目的として編集。

学校教育の心理学
北尾倫彦・林 多美・島田恭仁・岡本真彦・岩下美穂・築地典絵 著
A5判 222頁 2000円 〒310円

学校教育の実際場面に役立つ実践的内容にしぼった内容。最新の研究知見を中心に，いじめ，不登校，LD等学校現場が現在直面している諸問題への対応を重視した構成・記述。

オープニングアップ
秘密の告白と心身の健康
J.W.ペネベーカー 著
余語真夫 監訳
四六判 334頁 2400円 〒310円

感情やトラウマティックな経験を抑制することの心身健康への有害性と，言語的開示をすることの心身健康への有益性や治療効果を実験心理学的裏づけのなかで明らかにする。

社会性と感情の教育
教育者のためのガイドライン39
M.J.イライアス他 著
小泉令三 編訳
A5判 260頁 2800円 〒310円

社会性や感情（情動）を体系的に教育すること「一人ひとりの子どもにスキルとして定着させること」の必要性を説き，教育現場で実施するための39のガイドラインを示す。

シングル・ペアレント・ファミリー
親はそこで何をどのように語ればよいのか
R.A.ガードナー 著
鑪幹八郎・青野篤子・児玉厚子 共訳
四六判 260頁 1900円 〒310円

離婚・未婚出産件数が増加傾向にある現代，ひとり親家庭の子どもたちや親に生じるさまざまな問題に対し，精神科医である著者が具体例をあげつつ心の問題をサポート。

7つの能力で生きる力を育む
子どもの多様性の発見
A.B.スクローム 著
松原達哉 監訳 岩瀬章良 編訳
A5判 152頁 2200円 〒310円

学力だけではなく，創造性・巧緻性・共感性・判断力・モチベーション・パーソナリティの面から子どもの能力を見いだすことの重要性を説き，さらに職業適性を論じる。

動作とイメージによる
ストレスマネジメント教育 基礎編・展開編
山中 寛・冨永良喜 編
基礎編 B5判 228頁 2700円 〒340円
展開編 B5判 168頁 2300円 〒310円

身体面，心理面，行動面にさまざまな影響が出てくる子どものストレス問題を，予防の観点から解説し，具体的な行動プログラムとその実践例，およびその効果を明らかにする。

教育学―家庭教育・社会教育,その他

家庭のなかのカウンセリング・マインド
親と子の「共育学」
小田 豊 著
B6判 182頁 1553円 〒240円

今の「豊かさ」の意味を問いながら,「子どものいのちの輝き」を考える。子どものあるがままを受け入れ,子どもの心の流れにそうことから家庭教育の再考を提起する子育ての本。

「やる気」ではじまる子育て論
子どもはやりたいことをやる
山崎勝之・柏原栄子・皆川直凡・
佐々木裕子・子どものこころ研究会 著
四六判 192頁 1602円 〒310円

「間違った方向にいじられている子どもたちを守りたい!」そう願う著者らによって編集された新しい子育て論。内からのやる気をそこなわない子育てを追求する。

いま,子ども社会に何がおこっているか
日本子ども社会学会 編
A5判 246頁 2000円 〒310円

子どもをめぐる社会・文化という"外にあらわれた姿"を手がかりに,多角的な視点から子どもの実態と本質を鋭くあぶり出す,第一級の研究者による力作。

学校で教わっていない人のための
インターネット講座
ネットワークリテラシーを身につける
有賀妙子・吉田智子 著
A5判 230頁 1800円 〒310円

生活の道具になりつつあり,学校でも教えるようになってきた「インターネット」。その活用の技を磨き,ネットワークを介した問題解決力を身につけるためのガイドブック。

視聴覚メディアと教育方法
認知心理学とコンピュータ科学の
応用実践のために
井上智義 編著
A5判 240頁 2400円 〒310円

情報機器や新しい視聴覚メディアの教育現場での望ましい活用方法を示すとともに,そのような視聴覚メディアを利用した豊かな教育環境を整えるための適切な方向性を提示する。

京都発
平成の若草ものがたり
清水秩加 著
A5判 208頁 1500円 〒310円

現在,競争,管理教育,いじめ等を体験した最初の世代が親になっている。育児を通して自らも成長するという視点で描かれた4人の子をもつ母親の子育てマンガ+エッセイ。

質的研究法による授業研究
教育学/教育工学/心理学からのアプローチ
平山満義 編著
A5判 318頁 3200円 〒310円

新しい時代の授業のあり方を求めて,3つの分野(教育学,教育工学,心理学)からアプローチする,質的研究法の最新の成果を生かした授業研究の書。

教科書でつづる
近代日本教育制度史
平田宗史 著
A5判 280頁 2427円 〒310円

教科書に関する基礎的な問題を歴史的に記述し「教科書とは自分にとって何であり,また,あったか」を考える啓蒙書。義務教育を終えた人ならだれでも理解できるよう配慮して執筆。

心理学―その他

クリティカルシンキング 入門編
あなたの思考をガイドする40の原則
E.B.ゼックミスタ・J.E.ジョンソン 著
宮元博章・道田泰司・谷口高士・菊池 聡 訳
四六判上製 250頁 1900円 〒319円

現代をよりよく生きるために必要なものの考え方，すなわち「クリティカルシンキング」を系統的に学習するために。自ら考えようとする態度や習慣を身につけるためのガイド。

クリティカルシンキング 実践篇
あなたの思考をガイドするプラス50の原則
E.B.ゼックミスタ・J.E.ジョンソン 著
宮元博章・道田泰司・谷口高士・菊池 聡 訳
四六判 302頁 1900円 〒310円

クリティカル思考とは，たんに懐疑のみでなく，自分の進むべき方向を決断し問題を解決する生産的な思考である。学習，問題解決，意志決定，議論の際の思考を身につける本。

クリティカル進化論
『OL進化論』で学ぶ思考の技法
道田泰司・宮元博章 著 秋月りす まんが
A5判 222頁 1400円 〒310円

クリティカル思考は，複雑化した現代社会に適応していく上で，必要な思考法である。本書では，ユーモアあふれる4コマ漫画を題材に，わかりやすく楽しく身につける。

自己開示の心理学的研究
榎本博明 著
A5判 270頁 2900円 〒310円

臨床心理学者ジュラードに始まる自己開示の研究についてその現状を概説した本邦初の書。本書は言語的な自己開示に絞りその研究の概要を掲載。巻末に自己開示質問紙等を収録。

心理的時間
その広くて深いなぞ
松田文子・調枝孝治・甲村和三・
神宮英夫・山崎勝之・平 伸二 編著
A5判上製 552頁 5800円 〒310円

不可解な"時間"のほんの一側面である「心理的時間」について，その多様性と複雑性にふれながら，わが国での研究とその周辺領域を紹介する。時間の心理学研究に刻される1冊。

心とは何か
心理学と諸科学との対話
足立自朗・渡辺恒夫・月本 洋・
石川幹人 編著
A5判上製 356頁 5200円 〒340円

人間の心や意識をめぐる研究の様相は70年代以降大きく変換し，心理学についても方法論的基底の再検討が求められつつある。心の諸科学を展望しつつ根本的な問題を検討。

身体活動と行動医学
アクティブ・ライフスタイルをめざして
J.F.サリス・N.オーウェン
竹中晃二 監訳
B5判 166頁 2700円 〒310円

超高齢化社会を間近に控える現在，日常の身体活動量を増加させ定期的な運動を行うことは疾病予防に大きな役割を果たす。行動変容を起こすための身体活動の効果を明確にする。

子どもを持たないこころ
少子化問題と福祉心理学
青木紀久代・神宮英夫 編著
四六判 174頁 1800円 〒310円

少子化傾向は止まる兆しを見せない。面接調査をもとに子どもをもつことの意味，育てることの意味，そしてもたない心の深層を分析し，解決策の1つを福祉心理学の構築に求める。

教育学―原理・方法・歴史,教育学全般,学習指導

教育技術の構造
杉尾 宏 編著
B6判 248頁 2300円 〒310円

上手・下手という教育技術の価値的側面を問う前に,教育の営み全体,すなわち公教育体制下の教育労働過程の中で,歴史・社会学的に明らかにするということをねらいとした書。

教師の日常世界
心やさしきストラテジー教師に捧ぐ
杉尾 宏 編著
B6判 220頁 1500円 〒310円

現場教師各自が,学校教育の構造とその矛盾をつかみきるために,教師の日常世界に巣くう「自明視された教育行為」を見直し,現在の学校教育の病理現象を徹底解明する。

「協同」による総合学習の設計
グループ・プロジェクト入門
Y.シャラン・S.シャラン 著
石田裕久・杉江修治・伊藤 篤・伊藤康児 訳
A5判 230頁 2300円 〒310円

従来の競争社会への反省・否定の立場から欧米でも教育方法として重要性が認識されている協同学習理論。原理から主体的・有効に実践を作りあげるための具体的な情報を提供。

子どもが変わり学級が変わる
感性を磨く「読み聞かせ」
笹倉 剛 著
四六版 224頁 1900円 〒310円

読書の足がかりとしての「読み聞かせ」の重要性と,その継続的な実践が子どもの想像力や自己判断力を培うことを説く,学校教育現場に焦点をあてた初の書。実践報告も紹介。

認知心理学からみた授業過程の理解
多鹿秀継 編著
A5判 230頁 2300円 〒310円

「教育の方法と技術」の内容を,生徒と教師の相互作用という認知心理学的方法でアプローチした書。従来からの行動主義心理学の成果も取り入れ,総合的にまとめながら紹介。

実践学としての授業方法学
生徒志向を読みとく
H.マイヤー 著
原田伸之・寺尾慎一 訳
A5判 328頁 4200円 〒310円

著者は現代ドイツの教育科学・学校教授学研究の第一人者で,この書はわが国のこれからの教育に求められる「自ら学び自ら考える力の育成」への道筋の構築の大きな指針となる。

授業づくりの基礎・基本
教師の意識改革を求めて
寺尾慎一 著
A5判 198頁 2427円 〒310円

教育改革を推進,実行するのは各学校・教師であり,そうした改革に応える道は「授業づくり」の腕前を上げる以外にはないとの考えに基づき,その基礎・基本について論述。

子どもが生きている授業
吉川成司・木村健一郎・原田信之 編著
A5判 150頁 1942円 〒310円

子どもの幸福のために行われる授業とは?子どもを全体として理解し,教師自身の内的世界を深く洞察する過程から,人間の本質や生きかたを浮き彫りにしようとする意欲作。

3章　もし，私が転校生になったら

かと情報を集めることができます。どこにあるのか，大きな町なのか，住宅地なのかそれとも自然が豊かな地域なのか，といったことがわかるでしょう。

　そして新しい学校はどれくらいのクラスがあるのか，どんな特徴があるのかということも見つかるかもしれません。たとえば，外国の学校との交流がさかんだとか，地域のお祭りや行事に積極的に参加しているならば，そのようすがホーム・ページなどで紹介されていることもあります。

　それから，もしチャンスがあるなら，ぜひおすすめしたいことがあります。お父さんやお母さんが新しい土地や家を見に行くときに，いっしょについていくことです。先ほど紹介した資料3は，その例ですね。おうちの人が新しい土地での生活のために下見に行くのですから，家と同時に学校まで変わるみなさんにも，やはり下見が必要ではないでしょうか。

　ただし，これらの準備は，引越しの話を聞いてから実際に引越しをするまでの時間的な余裕に関係します。けれども，とにかくできるだけたくさんの情報を集めておくのがいいでしょう。ここで，思わぬところに情報源がある例を紹介しましょう。

資料5　塾で教えてもらった！（お母さんの話）

　前のところで通っていた塾で，この引越しのことを話したら，引越し先に同じ系列の塾があるからと，いろいろ調べてくれました。学年の途中だ

> ったので，教科書のこととか，「たぶん，これは
> もう習っていて，これはまだだろう」とかいった
> 細かいことまで教えてもらえて，娘もとても助か
> ったようです。
>
> 　こちらに来てからも，結局，その塾（同じ名前
> で地名だけ違っている）に行っています。こちら
> の塾には，前の塾からの細かい連絡がきているみ
> たいで，最初，習っていなかったところなんかは，
> 補習までしてくれました。

　これまで通っていた塾から新しい学校での教科書について教えてもらうということはなかなか思いつきません。習っていない内容があるぞ，という予備知識も助かります。このように，思わぬところから情報を得られることがあるのです。そして，こうした情報は子どもにとっても親にとっても助かるものです。できるだけいろいろなところにあたってみましょう。

　ところで，なぜこうした情報は役立つのでしょう。たとえば新しい土地が，今住んでいるところよりも自然の多い地域であるとします。それを前もって知っていれば，実際に引っ越したときにある程度，心の準備ができています。海に近い場所であれば，お父さんといっしょに魚釣りに行くのを期待していたかもしれません。前もって，方言が違うと聞いていれば，急に笑われても，それはいやなことに違いはありませんが，覚悟ができているでしょう。

それから学校についても同じで、学校の大きさやさかんな行事などがわかっていると、実際に見たり話を聞いても理解が進みやすいのです。できるだけ多くの情報を集めておくことの大切さが、少しわかってもらえたかと思います。

◆――最初の友だちはだれ？

転校してまず気になることは何ですか。勉強もあるでしょうが、それ以上に新しい友だち関係のことがあります。ここで1つ質問です。考えてみてください。

> **質問6** 転校生のあなたは、新しいクラスで担任の先生からみんなに紹介されました。さて、このクラスであなたが最初に友だちになろうとするのは、次のどの子でしょう。
> (ア) 女子（または男子）のリーダー格として人気のあるA
> (イ) Aと同じグループで、Aと仲の良いB
> (ウ) クラスの中に、仲の良い子が2～3人しかいないC

さあ、どうですか。ここで、最初にあなたが友だちになろうと近づいていく可能性が高いのは、(ウ)のCだと考えられます。なぜでしょう。

AやBは、すでに大きなグループでの友人関係ができています。もう親しい関係があるわけですから、あ

なたは簡単には仲間に入れないかもしれません。その点，Cのいるグループは小さいですから，話しかけるチャンスもあるでしょう。それにCも，あなたと友だちになりたいという思いは，他の人に比べると強いかもしれません。もちろん，クラス全員が転校生のあなたに関心があるはずです。でも，実際に全員の人とすぐに話してみることはできないわけですから，まずは小さなグループのCさんあたりになるわけです。こういうわけで，最初にあなたが友だちになろうとするのはCだと考えられます。

　ただし，必ずこのようになるということではありませんから，注意してください。クラスのようすや座席

だれが最初の友だち？

3章　もし，私が転校生になったら

などによって違ってくることがあるでしょう。このようになる傾向がある，というふうに考えてください。

　小学校と中学校の転校生について，実際にその友だち関係を調べた人がいます。横島章という心理学者で，クラスの中で親しい友だちを，その順に書いてくださいという質問をしました。★5

　それによると，転校生は，はじめは次のような人を親しい人として選んでいたのです。それは，クラスの中であまり人気のない人，あるいは親しい友だちとして選ばれることの少ない人です。先ほどの質問でいうと，Cさんのような人を選ぶことが多いというわけです。そして，新しいクラスでの学校生活が進むにつれて，しだいにクラスの中で人気のある人を選ぶように変わっていきました。

　おそらく最初は，話しかけられたのでお互いに話すようになったり，少しようすを見ながら遠慮がちにつきあっているのではないでしょうか。そうこうしているうちに，しだいにクラスの中の人間関係がわかってきます。自分と話のあいそうな人も見つかるでしょう。こうして，転校生の選ぶ人はクラス内で人気のある人へと変わっていくということがわかったのです。

　なお，以上は転校生がだれを選ぶかということですが，転校生自身がどの程度親しい友だちとして選ばれるかという点では，転校直後の4月には，転校生はクラスの中で親しい友だちとしてほとんど選ばれません。けれども，10月には他の生徒と同じ程度に選ばれ

ていました。ですから，半年の間にクラスに溶け込んでいったことがわかります。これは，だいたい見当のつくことです。どんな性格でどんな人なのかが少しずつわかるようになって，友だち関係ができあがっていくのでしょう。

　ここでみなさんに少し気づいてほしいことがあります。転校生は，クラスの中の友人関係に大きな影響を受けるでしょう。その一方で，転校生もクラス全体になんらかの影響を与えるようになるということです。実際に，1人の転校生が入ったことによって，クラスの中の友人関係が大きく変わってしまうことがあるのです。雰囲気(ふんいき)がとても明るくなって，活発になることもあります。転校生とクラスの人は，話しあったり，同じことを体験したりするのですから，お互いにかかわりあいつつ学校生活を送ります。こうして，クラス全体としての新しい友人関係ができあがっていくことになるのです。

◆──自分の友人関係を見てみよう

　ところで，友人関係を一目でわかるように表す方法はないのでしょうか。先ほど，「クラスの中で親しい人を書いてください」という方法を説明しました。これで，自分の気持ちの中で親しいと感じている人を表すことができます。さらに，その親しい人に順番をつける例も紹介しました。これで，自分がどの程度親しくしたいと思っているのかもはっきりします。

3章　もし，私が転校生になったら

　けれども，それ以上には表現できません。どういうことかというと，たとえばあなたが，Aさんを1番目，Bさんを2番目に親しい友だちとして選んだとします。でもじつは，AさんのほうがBさんよりもはるかに親しいこともあれば，2人ともほとんど同じくらいに仲が良く，順番をつけるのがとてもむずかしいということもあるでしょう。さて，どうしたらよいでしょうか。

　じつは，この点をうまく表現できるように工夫した方法があります。次ページの質問7をやってみてください。

　この質問7で書く図は，少しむずかしい言葉ですが，**心理的距離地図**とよばれています。

　この心理的距離地図では，たとえば先ほどのAさんとBさんの関係は，図の中央に書いてある「私（自分）」との距離の違いで表すことができます。Aさんのほうが親しいと思うのでしたら，Aさんを自分の近くに書きます。AさんとBさんのどちらも同じように親しい友だちだと感じているのなら，自分とAさんの距離，自分とBさんの距離をほぼ同じにすれば，表現できます。

　さらに，もし「友だちどうしの関係についても，親しい人どうしならば，できるだけ互いに近くに書いてください」というように求められたとします。すると，その友だちどうしの関係についても表現することができます。図3の(ア)は，自分はAさんよりもBさんと親

〈私の親しい人〉

私

質問7 上の枠の中にあなたの学校で，あなたの「親しい人（身近な人）」を次の例のように○で書いてください。

＊親しい人ほど「私」の近くになるように書いてください
＊書く場所は自由です
＊多くても7人くらいまでにしてください
＊○の下に名前も書いてください

〈例〉

○ 大町花子
○ 田中ひさ子
○ 山田太ろう
○ 石川とし子
私
○ 田川よし子
○ よし田いさお
○ さか田あや

しいのですが，AさんとBさんはそれ以上にかなり仲が良い友だちであることを意味しています。(イ)は，自分の友だちのAさんとBさんは，お互いにはあまり親しくないことを表しています。このように，心理的距離地図では，ただ親しい友だちの名前を書いてもらったり順番をつけるだけの方法よりも，もっとたくさんの情報を示すことができます。

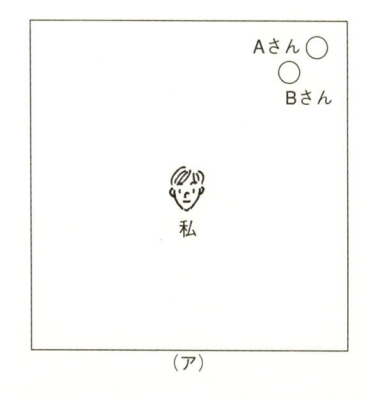

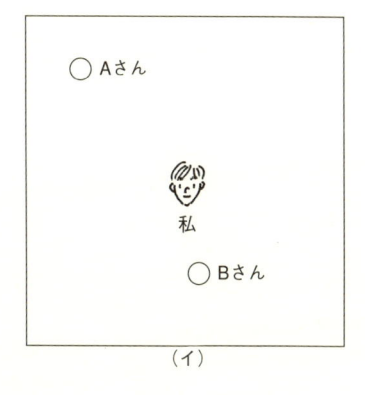

図3　心理的距離地図の例

　図4は，中学2年生の女子の転校生が，4月に転校して間もないころと，7月に書いた心理的距離地図を簡単なものにして並べたものです。4月のころは，AさんとB君の2人しか書いてありません。それに比べて，7月はずいぶんたくさんの友だちがあげてあります。

　図を見ると，さらに新しいことがいくつかわかります。4月に選んだ2人のうち，Aさんは7月にも書か

れていますが, B君はもう出てきません。さらに, Aさんについてはその近くにCさん, Dさん, Eさんが書かれています。そのグループとは別に, Xさん, Yさんが出てきています。

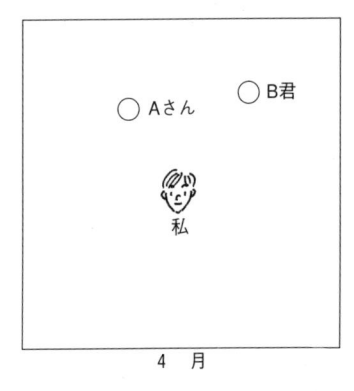

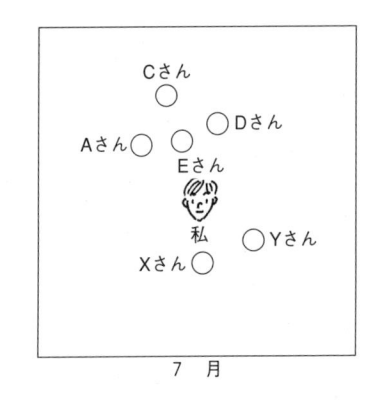

図4 ある転校生の書いた心理的距離地図

　後でこの図をいっしょに見ながら, 答えてくれた転校生にいくつかの質問をしてみました。すると, 次のようなことがわかりました。4月には, 転校先の新しいクラスの中で名前がわかる人が少ないですし, まだ話したことがない人もたくさんいたので, 2人しか書かなかったということでした。

　ところが, 7月になると程度の違いはありますが, クラスの中のほとんどの人と話しています。それから, 4月に心理的距離地図に書いたB君は, 隣の席の子で自分が困っているといろいろ教えてくれてとても助かったようです。けれども, 男の子ですから, そのあと

は普通に話す程度で，それよりも女の子のAさんのグループに入ることができました。そのメンバーのCさん，Dさん，Eさんとはとても気があい，よく電話もします。

それから，Xさん，Yさんは，自分が幼稚園から習っているピアノをこちらに来てもう一度習い始めたときに，同じピアノの先生のところで習っている友だちだそうです。少し前の発表会でも，個人発表以外に，3人で笛のアンサンブルをやりました。その後しばらくして，3人いっしょに発表会の記録ビデオをXさんの家で見て，とても楽しかったということでした。

じつは，この転校生に頼んで心理的距離地図に答えてもらったとき，友だちどうしの関係について，「親しい人どうしは，お互いにできるだけ近くに書いてください」とは言っていません。けれども，実際に答えてくれた転校生は，学校生活の中でそれぞれのグループの関係を意識して書いていたようです。学校生活の勉強やおしゃべりの中で気があうAさん，Cさん，Dさん，Eさんのグループと，ピアノの関係で親しくなったXさん，Yさんは，気持ちの中でも別のグループになっているのです。

友人関係というのは学校生活の中でとても大切で，それがうまくいっているかどうかで，毎日の生活がずいぶん違います。でも，この友人関係は目に見えませんし，自分の友人関係が全体でどうなっているのか，どんな特徴があるのかということは，意外と気づかな

いものです。

　ここで紹介した心理的距離地図は，友人関係という目に見えないものを紙の上に表現する方法の1つです。もちろん，これで全部の人間関係を表すことはできません。でも，かなりの部分を一目で理解できるように表すことができるので，とても便利な方法です。そして，こうして自分の友だちのことを図に書いてみると，ずいぶんいろいろなことに気づきます。ここでは，転校生の友人関係がどう変化するのかということで，心理的距離地図から見てみました。けれども，この本を読んでいるみなさんが，この機会に自分で自分の友人関係を考えてみたり，その特徴を知る方法として，一度試してみることをおすすめします。

　ただし，そこに表されたのはあなたから見た友人関係であり，相手も同じように感じているかどうかはわかりません。それから，心理的距離地図を書くために，あまりに友人関係に神経質になるのもよくありません。おおまかな関係を考えてみるといった目的で試してみてはどうでしょうか。

◆——古い友だちと新しい友だち

　転校生の人に，こんな質問をしたとします。さて，どんな答が返ってくるでしょうか。

質問8　あなたは，先週1週間の間にどれくらい，次の方法で前の学校の友だちとやりとりをしまし

3章 もし，私が転校生になったら

> たか。回数で答えてください。
> (ア) 直接，会う
> (イ) 電話で話す
> (ウ) ファックスを送ったり，受け取る
> (エ) 手紙を書いたり，受け取る
> (オ) 電子メールを送ったり，受け取る

　まず，この質問をいつするのかによって，答は違ってくるでしょう。転校してすぐならば，しょっちゅう電話をして，新しい学校のことを話すと思います。ところが，転校して半年経つと，かなり回数は少なくなると予想されますね。

　それから，こうした回数は人によってもずいぶん違います。いつも電話をしている人を「電話魔」といいますし，よく手紙を書くことを「筆まめ」といいます。電話をかけたり，手紙を書くのが好きな人と，そうではない人では，当然回数が違うはずです。

　じつは，先ほどまでは新しいクラスや新しい学校の人だけを対象に，親しい人や友人について考えてきました。でも，ちょっと考えてみてください。あなたが転校生だとして，転校したらすぐに前の学校の友だちのことを忘れてしまうでしょうか。いや，そんなことはないでしょう。きっと，前の友だちに電話をしたり，もし会えるようならわざわざ遊びに行くかもしれません。前に書いたように子どもの転校にあわせて，前の学校の友だちとのやりとりのために，新しくファック

いろいろなコミュニケーション方法

　スを買ったお母さんもいるくらいです。
　次の図5を見てください。これは，高校を卒業して大学に入学した人に心理的距離地図を使って，親しい人を書いてもらった結果です。中学・高校の転校生の人のデータではありませんが，わかりやすい例なので紹介します。
　グラフの縦軸は，心理的距離地図に書かれていた人数です。大学に入学してすぐの4月には，まだ高校時代や人によっては予備校の友だちがたくさん書かれていますね。けれども，5月になると，そうした入学前の友だちと大学の友だちの数がほぼ半々ずつになります。学生生活が始まって，新しい出会いがあり，新しい知り合いがどんどん増えていくのがわかります。少

3章　もし，私が転校生になったら

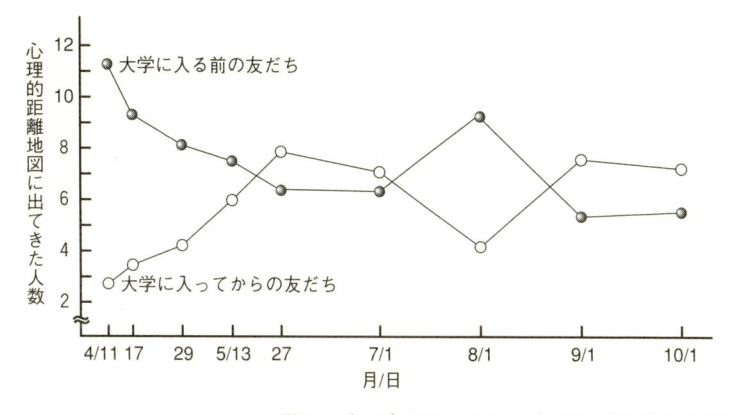

図5　古い友だちと新しい友だち（大学1年生）★6

しむずかしいのですが，「去る者は日日にうとし」という言葉があります。この言葉の意味は，「親しかった人でも，遠ざかるとしだいにその人との親しさや気持ちが薄れる」ということです。もう会うことのない高校時代や予備校の人との関係は，気持ちのうえで弱まっていくのはごくあたりまえのことです。

　ところで，8月に大学入学前の友だちがまた多くなっていますね。なぜだと思いますか。これは，夏休みになってそうした友だちと久しぶりに会う機会が増えたためです。でも，夏休み明けの9月にはまたもとの状態にもどっていますね。

　以上，大学に入学した人の例を紹介しましたが，転校生についてもよく似たことが考えられます。転校したらすぐに，前の学校のことを忘れてしまうわけではありません。しばらくは，よく連絡をとるでしょう。

転校生の気持ちの中では，まだまだ前の学校のことや友だちが大きな部分をしめているのです。資料6は，古い環境（学校，友だちなど）とのつながりをよく理解している母親の例です。

資料6　長電話（母親の話）

引越ししてすぐのころ，娘はしょっちゅう，前の学校の友だちに長電話をしていました。その日にあったこととかをかなり細かく話しているみたいで，自分の部屋に電話の子機を持ちこんで，長い時間話している日もありました。たぶん，新しい学校でストレスが多いんだろうと思って，その気持ちがわかるので，大目に見ていました。あの子はもともと筆不精で，あまり年賀状なんかも出していませんでしたが，こっちに来てからは手紙をよく書くようになりました。手紙には，電話にはないいいところがあるんじゃないかと，夫と話しています。

転校によって，生活する地域，学校の建物，そしてクラスが全部変わります。けれども，気持ちの中はさっと入れ替わるわけではないのです。転校前の友だち関係から，新しい学校での友だち関係へと，少しずつ中心が移っていきます。ですから，もしあなたが転校生になったら，転校前の学校の友だちも大切にしてください。きっと，心の支えになってくれることがあると思います。そういう友だちがいるかいないかが，新

3章　もし，私が転校生になったら

しい学校での生活にとって，とても重要な意味をもつことがあるのです。

◆——**自分を表現する**

> **質問9**　あなたが，学校帰りの道で次のような人から話しかけられたとします。どの人が一番気持ちが悪くて，変な人だと思いますか。
> (ア)　素顔の人
> (イ)　黒いサングラスをかけている人
> (ウ)　目だけあいていて，口も鼻も見えない目出し帽をかぶった人
> (エ)　目だけあいた目出し帽をかぶり，さらに黒いサングラスをかけている人
>
> 一番気持ちが悪くて変な人は？

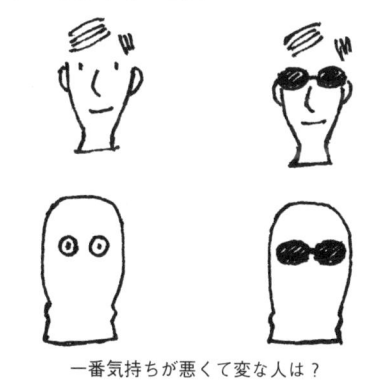

これは当然，(エ)の人が一番変で，気持ちの悪い人に見えます。(イ)の黒いサングラスだけでも，どこを見て

いるのかわかりませんからこちらが落ち着きません。さらに(ウ)のように目出し帽などをかぶっていると、銀行強盗をするのだろうかと疑われてもしかたありません。そして(エ)は、まったく表情が見えませんから、一番怪しまれるでしょう。

　このように、表情が隠れていると、相手は不安や警戒心が強くなります。そして、その一方で、「この人は、いったいどういう人なのだろう。何をしようとしているのだろう」というように、たくさんの疑問がわいてきます。じつは、表情だけではなく、自分のことや心のうちをどの程度明らかにするのかも、その程度によってまわりの人が受ける印象が違ってきます。自分についてのいろいろなことを、言葉で他の人に伝えることを自己開示といいます。

　あなたが転校生になったとして、どの程度、自己開示、つまり自分のことや自分の家族のことを話すと思いますか。あまり自分のことを話さなかったり、自分の思っていることを表現しないと、「何を考えているんだろう」とか「つきあいにくいやつだ」と思われるでしょう。では逆に、何でも話すと、自分のことをわかってもらいやすくなるのでしょうか。

　ここで、相川充という心理学者たち3人の行った研究を簡単に紹介します。[★7]この研究では、自分の個人的なことをどの程度話すと、相手に与える印象がどのように違うかということや、さらには、話を聞いた相手が聞いた話によって、どの程度自分のことを自己開示

してくれるのかということについて実験しました。

表1に，結果をおおまかにまとめてあります。協力してくれたのは女子大学生で，お互いに初めて会う人ばかりです。話し手の話す内容は，表1の上の段のように，自己開示の程度によって3つのレベルになっていました。自己開示が「少ない」というのは，だれに話してもそれほど差しさわりのない内容です。逆に，自己開示が「多い」というのは，他の人に知られるととても恥ずかしい思いをしたり，つらい気持ちになるようなとても個人的な話です。「中ぐらい」というのは，その中間の話です。なお，どの話も実際に起こったこ

表1　初対面での話し手の自己開示と聞き手の印象

		話し手の自己開示		
		少ない 例：「私は，1年間に4～5回くらいカゼを引く」	中ぐらい 例：「とてもつらいことの後に，お母さんがなぐさめてくれた」	多い 例：「今までだれにも話してない，とっても恥ずかしいこと」
聞き手の受ける印象	話す人に対する魅力 例：「友だちになりたい」という思い	魅力は中程度	「自己開示が少ない人」より，魅力はある	「自己開示が少ない人」より，魅力はある
	話す人の賢さ 例：「知的だ」「思慮深い」	「自己開示が多い人」より賢く見える	「自己開示が多い人」より賢く見える	賢さは中程度
	自分は，どんなことを話したいか（自己開示）	聞いた話以上に，自分のことを話したい	聞いた話と同じ程度に，自分のことを話したい	聞いた話ほどには，自分のことは話したくない

とではなく，作った話です。

さて，話を聞いた人（聞き手）は，話し手にどんな印象をもったでしょうか。話す人に対する魅力，つまり「この人の友だちになりたい」という気持ちは，自己開示が「少ない」場合よりも，「中ぐらい」や「多い」場合に強くなっていました。初めて会う人に自分の個人的なことを話すと，やはり魅力は増すのですが，あまりに個人的なことまで言ってもそれに合わせて魅力が強くなるわけではないということです。

話し手が知的だ，思慮深いという印象は，逆に，自己開示が「多い」とあまり強くありませんでした。初めて会う人に，そんなに個人的なことまで話すのは，賢い人というイメージにはつながりにくいのです。

ところで，話を聞いた人は，お返しにどの程度まで自己開示して，自分のことを話してくれるのでしょうか。表1の一番下の欄ですが，話し手の自己開示が「少ない」と，聞くほうはそれ以上に自己開示したくなります。「中ぐらい」ですと，その程度に合わせた中ぐらいの自己開示でした。そして話し手の自己開示が「多い」と，聞き手はそれよりは少ない自己開示しかしたくないのです。

この研究から，初めて会う人には，やはり中程度の自己開示が適切であることがわかります。自己開示が少ないと，「友だちになりたい」というような魅力はあまり高

自己開示すると，
どんな印象を与えるのか？

くなりません。逆に自己開示が多すぎると、賢いとは思われませんし、自分が話したほどには聞く人は自己開示してくれないことがわかります。

　すでに述べたように、転校してあまり自分のことを話さないと、なかなか友だちができないだろうということは、だいたい予想できます。クラスの人は、どんな転校生なのかもわからないうちは、それほど親しくはなれないのです。では、自分をよく知ってもらおうとして、なんでもかんでも話して自己開示をすればいいのでしょうか。それがいいとはいえないようです。上の研究で見たように、自己開示の多さに合わせて、「友だちになりたい」という相手の思いが強まるわけではありません。それと、自分の自己開示ほどには、相手は自己開示してはくれないのです。ですから、無理をして自己開示を急ぐ必要はありません。それに、いつ自己開示をするのかというタイミングも重要です。いつまでたっても自分のことを話さないのは、やはり親しさを増すことにはつながりません。

　それから、まわりがどういう状況なのかによって、自分のことを話したり、表現する程度が変わってきます。前の章の最後では、新しいクラスがクラス替えの後かどうかで、転校生の生活に違いがあるという話を紹介しました。そうしたことを含めて、クラスの雰囲気は一つひとつのクラスでずいぶん違うでしょう。新しいクラスは前の学校とは違うのですから、友だちとのつきあい方が同じでなくてもそれはあたりまえなの

です。無理をして同じにしようとする必要もないということを知っておいてください。

◆——自分の友だちづきあいは上手？　下手？

　あなたのまわりにも，人づきあいが上手で，すぐに友だちをつくったり，人の輪の中に入っていきやすい人がいると思います。その逆に，なぜだかうまく友だちができなくて，ひとりぽっちのことが多い人もいるでしょう。あなた自身はどうですか。

質問10　あなたの日頃の友だちづきあいについて質問します。答え方は次の通りです

　　　「いつもそうだ」と思うなら　　　（1）
　　　「ときどきそうだ」と思うなら　　（2）
　　　「あまりそうでない」と思うなら　（3）
　　　「ぜんぜんそうでない」と思うなら（4）

①困っている友だちを助けてあげる　　　　　（　）
②友だちをおどかしたり，友だちにいばったりする
　　　　　　　　　　　　　　　　　　　　　（　）
③友だちが失敗したら，励ましてあげる　　　（　）
④友だちの頼みを聞く　　　　　　　　　　　（　）
⑤自分から友だちの仲間に入れない　　　　　（　）
⑥友だちの遊びをじっと見ている　　　　　　（　）
⑦でしゃばりである　　　　　　　　　　　　（　）
⑧友だちがよくしてくれたときは，お礼を言う（　）
⑨休み時間に友だちとおしゃべりをしない　　（　）
⑩遊んでいる友だちの中に入れない　　　　　（　）

⑪ 友だちに乱暴な話し方をする　　　　　　（　）
⑫ 相手の気持ちを考えて話す　　　　　　　（　）
⑬ 友だちと離れて，ひとりで遊ぶ　　　　　（　）
⑭ 友だちのじゃまをする　　　　　　　　　（　）
⑮ 自分のしてほしいことを無理やり友だちにさせる
　　　　　　　　　　　　　　　　　　　　（　）

　どうでしょうか。自分の毎日の生活を思い出して答えられたと思います。この質問は，戸ヶ崎泰子という心理学者たちの研究[8]で使われている項目の一部です。みなさんの回答を集計する方法を次に書いてあります。自分の得点を，各学年の平均[9]と比べてみてください。なお，高校生の平均値はありませんから，高校生の人は，中学3年生の平均値を参考にしてください。
　それから，あなたの得点が，平均値のうしろの（　）内の小さいほうの数字以下ならば，同じ学年の人に比べてかなり低い得点だと考えてください。逆に，（　）内の大きい数字以上ならば，かなり高い得点となります。

資料7　質問10の集計方法

関係参加行動＝友だちとの関係をつくるコツ
　項目5，6，9，10，13：答えた数字がそのまま得点になります。
　以上，5項目の得点を合計したものが「関係参加得点」です。

関係向上行動＝今までに出来上がっている関係をさらにより良いものにするコツ

　項目1，3，4，8，12：「1」と回答したら4点，「2」なら3点，「3」なら2点，「4」なら1点とします

　以上，5項目の得点を合計したものが「関係向上得点」です。

関係維持行動＝今の関係を壊さないで，保っていくコツ

　項目2，7，11，14，15：答えた数字がそのまま得点になります

　以上，5項目の得点を合計したものが「関係維持得点」です。

どの得点も，範囲は5点〜20点の間になります。

	中学1年	中学2年	中学3年
関係参加得点			
男子	16.9 (13/21)	18.2 (15/21)	17.4 (14/21)
女子	16.7 (13/20)	16.3 (13/20)	17.3 (14/21)
関係向上得点			
男子	14.5 (12/17)	14.6 (12/18)	14.3 (11/18)
女子	16.4 (14/19)	15.5 (13/18)	15.9 (14/18)
関係維持得点			
男子	15.0 (12/18)	15.6 (12/19)	15.5 (12/19)
女子	16.2 (13/19)	15.4 (12/19)	15.5 (13/18)

郵便はがき

まことに恐縮ですが,切手をおはり下さい。

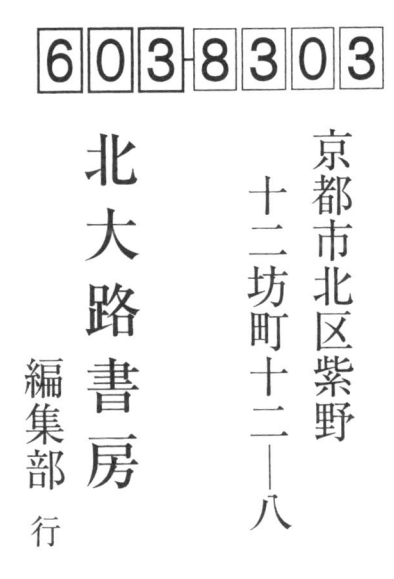

6038303

京都市北区紫野
十二坊町十二―八

北大路書房 編集部 行

―――

(今後出版してほしい本などのご意見がありましたら,ご記入下さい。)

愛読者カード

ご意見を，心から
お待ちしています。

(お買い上げ年月と書名)　　　年　　　月

(おところ)　(〒　　　　　)　TEL (　　　)

_{ふりがな}
(お名前)

年齢(　　歳)

(お勤め先 または ご職業)

(お買い上げ書店名)　　　　　市　　　　　　書店
　　　　　　　　　　　　　　　　　　　　　　・店

(本書の出版をお知りになったのは？○印をお付け下さい)
　(ア)新聞名(　　　)・雑誌名(　　　　)　(イ)書店の店頭
　(ウ)人から聞いて　(エ)図書目録　(オ)DM
　(カ)ホームページ　(キ)これから出る本　(ク)書店の案内で
　(ケ)他の本を読んで　(コ)その他(　　　　　　　　)

(本書をご購入いただいた理由は？○印をお付け下さい)
　(ア)教材として　(イ)研究用として　(ウ)テーマに関心
　(エ)著者に関心　(オ)タイトルが良かった　(カ)装丁が良かった
　(キ)書評を見て　(ク)広告を見て
　(ケ)その他(　　　　　　　　　　　　　　　　)

(本書についてのご意見) 表面もご利用下さい。

このカードは今後の出版の参考にさせていただきます。(お送りいただいた方には，当社の出版案内をお送りいたします。)

3章　もし，私が転校生になったら

　注意してほしいのは，結果として出てきた得点はおおまかな目安だということです。自分が思っていた自分自身の姿と比べて，どうでしょうか。それから，他の人があなたの実際の生活を見て感じている姿は，また違っているかもしれないということも大切です。

　ここで，人づきあいのコツといってきたものは，**社会的スキル**とよばれています。「社会的」が友だち関係や人づきあいを意味し，「スキル」が方法，やり方，コツという意味です。

　転校生がもし関係参加スキルを身につけていると，新しい友だち関係を始めるのが上手ですから，大いに助かるでしょう。関係向上スキルは，そうやって築いた関係をさらに良くするスキルです。そして，関係維持スキルは，新しくできた友だち関係を保っていくのに関係していますから，これも新しいクラスでの生活に大切ですね。

　みなさんの中に，友だちとのつきあい方が下手で悩んでいる人はいませんか。「どうして，こういう性格なんだろう」「自分は小さいときからこうで，生まれつきだからしかたがない」と思っている人もいるでしょう。

　けれども，この社会的スキルというのは，今からでも練習して身につけることができるものなのです。たとえば水泳やギターを弾くことなど，どれも最初から上手にできる人はいません。練習をして初めて泳ぐことができるようになり，またギターが弾けるようにな

ります。それと同じで、友だち関係についても、練習してうまくなることができるのです。実際に、人前に出られない、引っ込み思案である、人の前でうまく話すことができないというような人が、練習して人間関係を改善することができるということがわかっています。

　最近、授業の中で、この社会的スキルを学習している学校があります。友だちづきあいがうまくできない、仲間に入ることが下手、楽しく遊べないという人が、こうした学習をして少しずつ社会的スキルを身につけていくことができるのです。まず、スキルについて話を聞いたり、モデルを見て、次に授業の中で練習してみます。楽しいゲームのようなものも取り入れられています。そして、このように授業の中で学習したことを、実際の学校生活や家での生活で使うことによって、だんだん身につけていくのです。

　もちろん、自分だけで社会的スキルを身につけるチャンスはあります。それには、まず友だちづきあいの上手な人をよく見て、どうしたら上手にできるのかを観察してください。そして、自分も気をつけて、それをまねし、そしてだんだん身につけて

3章 もし，私が転校生になったら

いくのです。または，自分でうまくできたときに，どうしてうまくやることができたのか考えて，コツを覚えておくのです。少しずつ工夫しながら，自分らしい友だちづきあいの方法を身につけてください。

◆——1度めよりも2度め

> 質問11 もし，ある人が3年ほどの間に2回，転校を経験したとします。1回めと2回めで，どちらが楽な転校経験だったと思いますか。
> (ア) 1回めの転校
> (イ) 2回めの転校

答えは(イ)で，一般に2回めが楽な転校経験になることが多いようです（ただし，新しい学校や地域のようすがそれぞれ違いますから，いつもそうなるとは限りません）。

なぜでしょう。それは，1回めの転校経験が2回めのときに参考になるからです。表2を見てください。先ほど紹介した横島章が調べたものです。転校を経験すると，不安を感じる人がかなり少なくなっています。これは，友だちとの関係やクラスの雰囲気に慣れる過程について，「だいたいこうなるだろう」という予想が立つからだと考えられます。

転校経験者に聞いたところ，「自分から

表2 転校経験が増えると不安は減る[5]

	初めての転校	2度め	3度め以上
不安あり	7人	3人	1人
不安なし	2人	7人	4人

（小学5年生〜中学2年生の転校生に質問した結果）

無理に話しかけることはない。必ずだれかが声をかけてくれるから、それに素直に返事すれば、とりあえず当分続く仲間はできる。そのうち自分に一番気のあう友だちを探せばよい」と言ったそうです。

　まず、自分から無理して積極的に話しかけることはない、と言っています。これは、この前にお話した自己開示と関係していますね。もともと話し好きなら別ですが、早く友だちをつくらないといけないとあせって、自分から話しかける機会を不自然につくる必要はないということです。そうこうするうちに、「必ずだれかが声をかけてくれる」わけです。この最初に声をかけてくれるのは、3章の「最初の友だちはだれ？」（53ページ）で話したように、小さなグループのメンバーか、クラスの中にあまり友だちがいない人なのかもしれません。そして、しだいにクラス内の他の人とのつきあいが進んで、「一番気のあう友だち」を見つけることになります。もちろん、最初の友だちが一番仲の良い友だちになることもあるでしょう。

　それから、「必ずだれかが声をかけてくれるから、それに素直に返事すれば……」という言葉があります。声をかけられたら、黙っていたり、逆に無理して明るく対応するのではなく、素直に返事をする。これは友だちづきあいのコツの1つで、社会的スキルです。この人は、転校を経験することによって、こうした大切な社会的スキルの1つを身につけたといえます。

　次に紹介するのは、大学生の人が自分の経験を話し

3章　もし，私が転校生になったら

最初はドキドキ，2回めはリラックス

てくれたものです。この人の「自分は転校を経験して，性格が変わったと思う」という言葉に注目してください。「性格」という言葉を使っていますが，よく見ると人とつきあうときの接し方です。この人は，転校を経験して，つきあい方すなわち社会的スキルを身につけていったのです。

資料8　転校で性格が変わった（大学生の話）

　小学校で1回と中学校で1回，転校しています。やっぱり，仲が良かった友だちと別れるのはつらいんですけど，親の仕事の都合なのでしかたありませんでした。でも，私は転校を経験して，性格が変わったように思うんです。母も同じようなこ

とを言います。友だちとのつきあい方がわかったというか、大人になってもそんなに「敵」を作ることなく過ごせるようになったんです。

どういうことかというと、小学校の5年生で転校したとき、はじめに友だちになった人と、かなり深いつきあい方をしたんです。今から考えると、ちょっと無理してたんですけど、しょっちゅう家に遊びに行ったり自分の家に呼んだりしていました。でも、あの時期って、一度関係がこじれるとたいへんじゃないですか。それで、変なうわさを流されたりして、とてもつらかったです。中学生の姉も、とても心配してくれました。今だったら、きっといじめになってたと思います。

2回目の転校は中学2年になるときでした。それで今度は、無理して最初からそんなに深いつきあいはしないで、ある程度ほどほどにしました。でも、時間が経つと、だいたいの子のようすがわかります。それからでも遅くないんです。それと、自分で「この子は苦手なタイプ」と感じたら、ある程度以上は接近しないんです。それって、お互いのためにいい方法だと思うんです。そうすると、少なくとも自分から「敵」を作ってしまうようなことはないんです。

転校はいろいろな都合で決まりますから、自分だけではどうにもならないことがあります。けれども、どうしても経験しなければならないとしたら、その転校

3章　もし，私が転校生になったら

経験をよく活かして，人づきあいのコツを身につけてほしいと願っています。

◆──この章のまとめ

　この章では，自分が転校生になったとして，どんなことが新しい学校での生活に関係するのかを見てきました。1章で紹介したアンカー・ポイント，つまり新しい環境に慣れていくときの拠点というキー・ワードから考えてみましょう。

　転校生の生活というと，たいていは，まず新しいクラスや学校のことを思い浮かべると思います。ですが，じつはその他の意外と身近なところに，大切なアンカー・ポイントがあることに気づいたでしょうか。

　まず，自分の親であるお父さんやお母さんが，大きな役割を果たしてくれます。新しい家や住居のこと，転校の手続き，新しい学校のこと，あるいは引越し・転校の時期の問題など，どれも親が関係しています。自分の気持ちをできるだけ正直に伝えておこうと言いました。それは，このように親がいろいろなことをしてくれるときに，できるだけ考えてもらえるように自分の思いを伝えておく必要があるからです。それと，転校先の学校で問題にぶつかったとき，一番助けになってくれるのは，お父さんやお母さんなのです。転校の前後で変わらないのは家族であり，とくに親はとても大切なアンカー・ポイントなのです。

　それから，友だち関係では，転校前の学校の友だち

も見逃してはなりません。からだは新しい学校に行っていても，悩みごとや正直な気持ちは，前の学校の親友に話したくなるものです。そうすることで，気持ちが落ち着きます。何か良いアドバイスをもらえることもあるでしょう。転校前の学校の友だちは，気持ちの中でのアンカー・ポイントとよんだほうがわかりやすいかもしれません。

　そして，新しい転校先の学校での生活が続くと，今度はそこでの親友が見つかります。転校してすぐの最初の友だちからいろいろ変わっていくのですが，あせる必要はありません。新しいクラスで自分のことをどの程度話すのかという自己開示や，友だちづきあいのコツともいえる社会的スキルについて，まず自分のことを考えてみてください。この本を読んで，「そういえば自分は……」と思い当たることがあるなら，それは大きな一歩です。

　「自分は転校を経験して，人間関係のもち方が変わった」「1回目の転校より2回目のほうが楽だった」という人は，自己開示や社会的スキルという言葉は使っていませんが，その内容については経験を通して自分で理解しているのです。つまり，無理のない自己開示や社会的スキルを身につけていることが，友だちのネット・ワークを作るときのアンカー・ポイントの1つだということに気づいているのです。

　大切なことは他にもあるでしょうが，この章で話してきたことは，転校だけに限らず毎日の学校生活にも

関連することが含まれています。ぜひ，その大切さや
しくみに気づいてほしいと願っています。

4章

海外への転校，海外からの転校

◆——え！　海外へ転校！？

質問12　ある日突然，親から「今度，家族で外国に住むことになった。今の学校は，あと3か月でかわるよ」と言われたとします。さて，あなたが3つだけ質問できるとしたら，どんなことを聞きますか。

　転校の中で，最も環境の変化が大きいのが，このような海外の学校への転校でしょう。さて，もしこのようなことになったら，あなたはどうしますか。

　もちろん，この質問についても正解はありません。人によっていろいろだと思います。ただし，普通ですとまず，「どこの国に行くのか」という質問になるでしょう。たとえば，あまり聞いたことがないアフリカの国と，アメリカ，あるいはお隣の中国では，ずいぶ

ん話が変わってきますよね。
　それから，次の質問は，「期間はどれくらいか」でしょうか。1年なのか，それともずっと住むつもりなのかなどです。
　3番めの質問としては，「自分たちもついて行かなければならないのかどうか」でしょうか。クラブが楽しい，友だちと別れるのがいやだ，というのであれば，「ぼくはいやだ」と主張する人がいると思います。あるいは，受験を控えているなどの理由で父親だけの単身赴任になることも多いでしょう。
　そして，それ以外に大切なポイントは，もし子どももいっしょに家族で海外に引っ越すとして，子どもはどういう学校に通うのかということです。日本人対象の日本人学校があるのかどうか。あるいは，いろいろな国の子どもたちが英語で勉強するインターナショナル・スクールにするか。あるいは，現地の人が通う学

校にするか。これらの間で、はっきりとした違いは、学校の中で使う言葉の問題です。もっとも、これらを選択できるような場所ならまだいいのです。選択の余地がない場合は、その国の学校に通うか、あるいは日本から本や教材を取り寄せて、通信教育で勉強することになります。

海外の学校って？

このように見てきてわかるように、海外の学校への転校といっても、じつはいろいろなケースがあるのです。これまで話してきたような日本国内の転校でも、転校生は不安をもちますし、友だち関係をつくるのがたいへんです。ストレスも感じるでしょう。でも、海外の学校への転校では、これとは比較にならないほど

大きな変化を経験することが多いのです。しかも多種多様なケースがあるということをまず知ってほしいと思います。

そして具体的には、日本国内での転校と同じように、いやそれ以上に、出発前によく調べておくことが大切です。どのような学校があり、どの学校に行くのか。とくに、日本語での勉強をするつもりなら、新しく住む地域に日本人学校かあるいは日本人のための塾や補習校があるのかどうかがポイントです。

そして同時に、日本を出発するまでにしておくことがないのか。日本人学校に行くとしたら、教科書などはどうするのか。英語のインターナショナル・スクールや現地の学校の場合は、前もってどのような準備がいるのか、など重要なことがたくさんあります。

もちろん、これらのことは親が中心に準備を進めることです。けれども、子ども自身も自分からしっかりと情報を理解しようとする気持ちがあると、実際に海外の学校に転校したあと、助かることが多いと思います。

◆──カルチャー・ショック

さて、外国に行くと、街中で使う言葉が違います。まず日本語が通じません。駅をたずねるのも、なんて言ったらいいのかわかりません。

言葉だけではなくて、毎日の学校生活もずいぶん違います。日本では、中学生や高校生の人が、部活動な

どの先輩を呼ぶときにはなんて呼びますか。「〇〇さん」か，時には「〇〇先輩」と言っていると思います。ところが，アメリカなどでは上級生を呼ぶときでも，「ジョン」とか「キャシー」というように呼び捨てです。初めてこれを経験すると，びっくりしてしまいます。こんな失礼な呼び方をしていいのか，という感じです。

　このように，違う生活の仕方や習慣を経験してとまどいを感じることを，**カルチャー・ショック**といいます。「カルチャー」というのは文化という意味です。ですから，カルチャー・ショックはもともとはその名の通り，違う文化を経験したときに使う言葉です。けれども，同じ国の中で，まったく予想もしていないやり方や習慣に接したときにも使っています。

　これについて，樋口勝也という心理学者たちが，カード・ゲームを使って，このカルチャー・ショックに似た状態を一時的に作り出して調べた報告がありますので，それを紹介します。★10

質問13　次のような2つのグループを作って，カード・ゲームをやってもらいました。

【Aグループ】お互いの関係を大切にします。つきあいとか，仲が良くなるようにして，リラックスした雰囲気で進めます。ただし，リーダーの言うことには従わなければなりませんし，また女子よりも男子が大切にされます。ゲーム中に，これら

のルールを破ると罰が与えられます。

【Bグループ】お互いの関係よりも，ゲーム中の取引によるもうけが大切です。それによって，メンバーの地位も決まります。このグループの中では，いくつかの単語と動作だけ許されていて，ふつうの会話はできません。

　それぞれのメンバーが自分のグループのルールに慣れた後，もう片方のグループを訪ねて，その後アンケートに答えてもらいました。さて，Aグループの人はBグループのルールをどのように感じ，逆にBグループはAグループのやり方をどう受け取ったと思いますか。

Aグループ

Bグループ

仲良し文化と金もうけ文化

少しむずかしいかもしれませんが，ここではカード・ゲームのルール，つまりゲームの進め方を「文化」とすることにします。これについては，たとえば文化が違うと食べ物や食べ方が違いますが，これは食べることについてのルールや作法が違うと考えれば説明がつきます。異なる文化の間での，言葉や服，あるいは仕事の進め方の違いについても，ルールの違いだといえるでしょう。ですからここでは，カード・ゲームについても，ルールの違いを文化の違いと考えることにします。

　さて，お互いに相手グループのルール（文化）をどう感じたでしょうか。その結果によると，不思議なことに，どちらも相手グループのルール（文化）よりも自分のグループのルール（文化）のほうがいいと感じていたそうです。つまり，自分のグループのほうが相手よりも，「良い」「気持ちよい」「自由な」「陽気な」「好きな」「ゆかいな」「活動的な」「はっきりした」「楽しい」などと感じていたのです。

　だれでも，はじめに慣れたルール（文化）のほうがいいというわけです。同時に2つの文化を見比べるのでしたら，見方が変わってくるでしょうが，片方に慣れ親しんでしまうとそれを基準にして相手の文化を見るということです。

　ところで，他方のグループはそのグループなりに，やはり自分の文化がいいと思っています。ですから，相手から良くないイメージや別の見方で見られている

とは思わないでしょう。日本から外国の学校に行った人が、おもしろい習慣ややり方に驚いても、そのように驚くこと自体を変だと思うことになります。先ほど、アメリカなどで上級生でも呼び捨てにすると言いました。それはアメリカではあたりまえの文化ですから、それに驚く日本人の転校生に、「何を驚いているんだ」と不思議に感じることになります。

表3 異なるルール（文化）を体験したときのショック[10]

	A→B	B→A
	(13人)	(15人)
①不愉快だった	38%	26%
②不安を感じた	69%	53%
③イライラした	49%	20%
④とまどった	92%	73%
⑤疲れた	30%	26%
⑥したいことができなかった	84%	73%
⑦溶け込めなかった	61%	60%
⑧警戒心がわいた	46%	46%
⑨努力が必要だった	61%	46%
⑩誤解した	61%	33%
全体	59.1%	46.5%

　話を先ほどのカード・ゲームにもどします。AグループとBグループの人について、さらに互いに相手グループを体験したときのショック（つまり、カルチャー・ショック）を調べました。すると、表3のようになっていました。

　AグループのメンバーがBグループの文化を訪問したときのほうが、逆の場合よりも、ショックは少し大きいようです。けれども、とにかくどちらのメンバーも、異なるルール（つまり異文化）にふれてカルチャー・ショックを受けていることがわかります。Aグループの人は、Bグループの文化を見て、9割以上の人が「とまどった」と感じています。

　ここで紹介したのは、2時間半ほどの実験です。それだけでも、ルールの違いによるショック、つまりカルチャー・ショックの結果が出ています。ですから、何年も住んできた文化から、新しい見知らぬ文化への

移動は，何らかのカルチャー・ショックを経験することになるでしょう。それを不安に感じるのはごく自然ですし，さらに「たいてい，そういうショックを感じるものなのだ」というように予想しておくと，実際に経験するときにずいぶん楽になるはずです。

◆——しぐさの違い

> **質問14** 大人が，下のようなしぐさをしているのを見たとしたら，あなたはどんな意味だと思いますか。
> ㈦　こちらにおいで
> ㈣　あっちにいっていいよ（または，さようなら）
> ㈵　それをしてはだめだ

　これは当然，㈦「こっちにおいで」と手招きされているジェスチャーだと思いますよね。ところが，アメリカなどでは㈣の意味になってしまうのです。つまり，「さようなら」「バイバイ」ということですから，まったく逆のことを表現しています。この違いを知らないと，たいへんなカン違いや間違いをしてしまうことになります。

4章 海外への転校，海外からの転校

では，アメリカなどで「こっちにおいで」はどうするのでしょう。手のひらを上に向けて，指をそろえた指を手前に折る動作を何度かやります。見たらわかる動作ですが，日本人はあまり使わないしぐさです。

このようなジェスチャーは，言葉を使っていないコミュニケーションということで，**非言語的コミュニケーション**とよばれています。顔の表情や話し方，姿勢などもこれに含まれます。文化が違うとこれらが違うので，それを理解し身につける必要があります。

資料9　ニヤニヤは，だめ（高校3年生の話）

中学2年の夏に，カナダに引っ越して2年間いました。カナダ人の中学校に転校したのですが，当然，十分に英語がわかりません。最初はESLという，英語を十分に話すことができない生徒向けのクラスに入って，英語を中心に勉強しました。でも，教科によっては普通に他の人と同じクラスで勉強しました。

音楽の時間だったと思います。先生の言っていることが十分にわからなかったのですが，個人的に何か大事な注意を受けているらしいということはわかりました。でも，内容がはっきりわからないので，黙っていました。そうしたら，先生はますます怒り出したので，もうどうしていいかわからずに困ってしまいました。

しばらくして，英語がわかる日本人の友だちとESLの先生にいっしょに来てもらって，説明を聞

> きました。そうしたら，音楽の先生が怒り出した
> のは，私が注意を受けているときにニヤニヤして
> いたからだとわかりました。先生は，「こいつは，
> せせら笑っている」「教師をバカにしている」と
> 受け取ったらしいのです。もちろん，自分ではニ
> ヤニヤしているようなつもりはありませんでし
> た。それから後は，大事な話のときは，真剣な顔
> で聞くようにかなり注意しました。

　ここで紹介した例も，ちょっとしたしぐさや態度の意味が，文化によってずいぶん違うことを教えてくれます。私たち日本人は，どうしていいかわかないときに，何となくニヤッとすることがあります。「困ったなあ」とか，「どうしようか」という気持ちです。でも，これがカナダでは，「ふまじめだ」「真剣に聞いていない」と受け取られてしまったわけです。

　外国に行くとなると，まず頭に浮かぶのが言葉の違いです。でも，このように毎日の生活の中でのちょっとしたジェスチャーやしぐさも，意味が違ってくることがあります。外国に引っ越すということは，とても大きな変化を経験することになるということを知ってほしいと思います。

◆——**海外生活を活かす**

　外国に引っ越してそこの学校に通うとなると，日本の学校と違うところがたくさんあります。お父さんや

4章　海外への転校，海外からの転校

お母さんも，日本国内での転校以上にとても心配すると思います。でも，外国に引っ越したのがかえって良かったということもあります。

> **資料10　わが子は障害児（アメリカ在住の母親の話）**
>
> 　現在，10歳の息子がいます。この子が1歳のときに，家族でアメリカに来ました。ところが，2歳になっても言葉が増えないので，日本とアメリカの両方で何度か診察を受けて，障害があることがわかりました。
>
> 　いろいろ悩みましたが，今はアメリカで，障害児のための特別な学校に通っています。はじめは，言葉や文化の違いに，母親の私自身がとても苦労しました。でも，一度，学校のしくみや法律，そして医療関係のやり方がわかると，アメリカのほうが日本より進んでいることがはっきりしてきました。日本でお世話になったお医者さんも，そう言っておられます。
>
> 　それから，アメリカでは「障害があるのも，一人ひとりの顔や個性が違うのとそんなに変わらない」という考え方が強いので，こちらのほうが過ごしやすいです。できれば，ずっとアメリカで育てたいと思います。日本に帰るとなると，とても不安です。

　障害のある子どもの場合，特別な準備やサポートが必要です。アメリカに来たおかげで，かえってその障

害に合った適切な教育のやり方を準備できたのです。海外への引越しが、子どもと親の両方にとって、とても良かったという1つの例です。

　海外への引越しや転校はとてもたいへんですが、このように後で良かったと思われることも多いのです。このお母さんは、言葉や文化の違いを乗り越えて、多くの収穫がありました。障害のある息子さんにとっても同じだと思います。

◆——**自分は何人？**

　外国に引越しをしてそこで育った日本人の子どもは、日本で生活している子どもと同じなのでしょうか。それとも、どこか違っているところがあるのでしょうか。

　これについて、次の資料をちょっと読んでみてください。ここで紹介するのは、箕浦康子という文化社会学者が長期間、何人もの人に面接してまとめた本からの要約です。[11]

資料11　自分はアメリカ人

　次郎（仮名）は、小学校入学直前に父親の仕事の関係でアメリカに渡り、7年半後、中学2年生の年齢で日本に帰国した。英語は不自由ないが、日本語力は十分でない。1年経っても、小学校高学年のレベルで、学校で特別な指導を受けていた。

　次郎は、日本の学校の制服が嫌いで、また先

> 輩・後輩の関係も奇妙に感じていた。日本に帰ると聞いたときにはショックだったが，日本人だから日本に帰るのはあたりまえだと思った。でも，実際に日本に帰ってからは，自分はアメリカ人だと思うようになった。とくにわかならなかったことが，日本人がアメリカ人のように，はっきりものを言ってくれないことだった。
>
> 何もかもがアメリカがいいというわけではないが，自分にとってはアメリカは居心地のいい国だったと思う。中・高校生の間はしかたがないが，大学はアメリカの大学にしたいと思っている。

　この次郎君は，アメリカでの生活が長かったので，なんでもはっきりと自分の考えを話す生徒でした。それが日本の学校では受け入れられずに，「自分はアメリカ人だ」と感じるようになったというのです。

　でもこの次郎君は，じつは3年後にもう一度，アメリカに住むことになります。そして，それまでの日本にいた3年の間に，自分は日本のことを十分に知らないけれど，自分は日本人だと自覚するようになっていったそうです。

　「自分は〇〇人だ。自分は，こういう特徴をもっている」という自分についての思いやイメージは，とても重要なことです。自分が自分のことをどのように考えているのか，どう思っているのかということが，毎日の行動や言葉を決めるからです。たとえば，「自分は男だから」という気持ちが，いろいろなところで女

の人を意識したり，また男らしい行動やふるまいにこだわることにつながるでしょう。○○人というとらえ方でも，同じようなことが考えられます。

箕浦さんによると，アメリカでの生活が長く，その間にアメリカ人の学校で勉強していると，まず言葉について日本語よりも英語のほうが使いやすくなるようです。それと同時に，人とのつきあい方やものの考え方がアメリカ人のようになるのです。次郎君のケースでいうと，はっきりと自分の考えを言ったり，学年が違っても同じ中学生だから区別する必要はないという考えです。こうなると，日本人ですが，日本人らしい考え方や行動をしなくなります。つまり先輩・後輩の関係を大事にしたり，自分の考えをはっきり言わないという行動はとらなくなります。

ただし，長くアメリカに住むといっても，何歳ぐらいのときに住んでいたのかということが大切な点だと，箕浦さんはまとめています。おおよそ，9歳から14，15歳の間にアメリカで生活していると，影響が大きいそうです。

このように，成長のある時期に，長期間外国に住んでその国の学校に通うと，日本

人らしさやその意識さえ，日本でずっと成長した人とは違ったものになってしまいます。外国での学校生活は，日本国内の転校以上に，大きな影響力があるのです。

◆──**日本への帰国**

さて，一度，海外の学校に転校した後，日本に帰国するときには，もう一度転校を経験することになります。先ほども少しお話しましたが，海外にいる期間が長く，しかも言葉の面で日本語が十分に使えないと，うまく日本の学校に慣れることができないかもしれません。これは，**復帰ショック**，あるいは**再適応ショック**とよばれています。

質問15 次の2人のうちどちらが，復帰ショックが小さく，日本の学校や社会にうまくなじんで生活していったと思いますか。

(ア) A男は，小学4年生でアメリカに引越し，約5年いた後，中学3年生で日本に帰国した。アメリカでは，最初英語ができなかったが，しだいにアメリカ人の親しい友だちもできた。

(イ) B夫は，小学6年生でアメリカに引越し，約5年いた後，アメリカの高校を卒業後，日本に帰って大学に入学した。アメリカでは，1年ぐらいで日常会話ができるくらいになった。

以上は，箕浦さんの本からの紹介です。2人は同じように5年間，アメリカにいました。でも，A男のほうが早くアメリカに行っていますから，それだけアメリカ文化から受ける影響が強いように思います。つまり，A男のほうが復帰ショックは大きかったのではないかと予想されます。

　ところが，実際に日本に帰ってきたときの復帰ショック，つまりなんとなくしっくりこないという感じは，B夫のほうが強かったのです。どうしてでしょうか。

　じつは，2人のアメリカでの過ごし方が少し違っていたのです。A男は，アメリカでは学校の昼休みに，同じ年頃の日本人の男の子3人で，日本語を話しながらいっしょにランチを食べることが多かったそうです（アメリカの学校では，お昼ご飯は，食堂の好きな席で食べてよいのです）。「いつかは日本に帰る」という親の気持ちが強くて，日本での高校受験を考えて，アメリカにいるときから，日本人留学生の家庭教師に，数学を毎週習っていました。

　一方，B夫はアメリカの学校では，ほかに日本人は1人もいませんでした。アメリカの大学に進学するつもりでしたので，あまり日本語の勉強はしなかったようです。でも，アメリカの高校に入って，やはり日本人はアメリカでは不利だと思うようになりました。それで，日本の大学に入学することにしたのです。

　箕浦さんによると，B夫の復帰ショックが大きかった理由として2つのことが考えられます。1つは，ア

4章 海外への転校，海外からの転校

メリカにいるときに，心が日本とアメリカのどちらを向いていたかという違いです。A男は，「いつかは日本に帰る」という親の気持ちを受けて，おそらく自分でもそう考えていたのでしょう。それから，日本での高校受験に備えて家庭教師もついていました。このようにA男の心は日本を向いていたのです。

これに対し，B夫はアメリカの大学に行くつもりでしたから，心はアメリカに向いていたのです。アメリカ的な行動や考え方が強くなっても当然です。

それから，B夫の復帰ショックが大きかった2つめの理由は，アメリカでまわりにいた日本人が少なかったことです。A男は，周囲に日本人が多く，それだけ日本的な考え方や態度を保ちやすかったのではないでしょうか。

もちろん，ここで紹介した例はほんの少しですから，どのケースにもあてはまるとは考えないように注意してください。また，どれかが正しくて，どれかが間違っているというものでもありません。ただ，外国にいた時期や期間だけでは，日本に帰ったときのショックを簡単に予想できないということに注目してください。外国でどんな意識や気持ちで生活をしていたかが，とても重要な意味をもつのです。そしてそれには，親の意識が強く関係するのです。

日本とアメリカ，心がどっちを
　向いているかによって……

◆──海外から帰国した生徒を迎える

　それでは，海外から帰国した人を自分のクラスで迎えるときには，どうすればよいのでしょう。どんなことに気をつけたらいいのでしょう。

　2章で，転校生を迎えるときのことを話しました。それと同じ，いやそれ以上に，最初に思い込んでしまうのはよくありません。たとえば，1年間しかアメリカに行っていないのに「きっと英語がペラペラだ」と思うと，そうではないかもしれません。

　逆に，長く外国に住んでいたとしても，見たところ何も変わったところがないので，「なあんだ」と思うこともあるでしょう。でも，言葉が少し変だったり，友だちづきあいや学校での生活が違うことがあると思います。それで，「アメリカ人」とか「外国人」といったあだ名がついてしまいます。

　たとえばよく出てくる話に，お昼ご飯のことがあります。外国で通っていた学校と同じつもりで，お弁当にクッキーやお菓子だけ持ってきたり，あるいはりんごだけを食べている子がいたりします。じつは，日本のきれいに盛りつけたお弁当というのは，日本の食文化の特徴の1つなのです。外国ではそういうものが少ないので，もしお母さんがそういうことを忘れていたら，なぜクラスのみんなが驚いているのかもわからないでしょう。

　それから，給食の時間に自分の給食を持って，担任の先生に「今日は天気がいいので，外で食べていいで

4章 海外への転校，海外からの転校

すか」と言って，みんなを驚かせたという話もあります。それまで通っていた外国の学校では，お昼ご飯は自分の好きなところで好きなグループで食べていいというルールだったのです。

　このように，私たちはごくあたりまえだと思っていても，じつは外国ではそうでないことがいっぱいあります。よそ者扱いするのではなく，これを機会に外国の学校のようすをいろいろ聞いてみるといいでしょう。帰国した人に，その国の生活やようすを紹介してもらったり，経験したことを話してもらうような出番をつくると，お互いに参考になると思います。

◆——外国人の転校生
　この章ではこれまで，海外の学校に行ったり，海外の学校から帰ってくる転校生の話をしてきましたが，どれも日本人のことでした。ここでは，転校生が外国人の場合について，少し考えてみましょう。

> **質問16**　A君は，韓国の高校からやってきた交換留学生です。ある日，同じクラスの3人の日本人の友だちといっしょに映画に行きました。帰りがけに，そのうちの1人のB君が「お腹がすいたから，お好み焼きを食べよう。駅前のうまい店を知ってるから」と誘って，みんなで食べに行きました。さて，食べ終わって店を出るときに，みんながそれぞれ財布を出してお金を払おうとしているの

で，A君はびっくりしてしまいました。A君は，何を驚いているのでしょう。

あれ？ なんで!?

　これは，大学で留学生の関係の仕事をしている大橋敏子という人たちが書いた本で紹介されていることを参考にした質問です。なぜA君が驚いているかというと，韓国ではこういう場合，最初に「行こう」と誘った人が代金を払うことが多いのです。そして，次の機会にはまた別の人がおごるわけです。韓国では，こうしておごったりおごられたりするのが，親しい関係ということです。
　私たちは，それぞれが注文したものの代金をレジで別べつに支払うか，あるいは計算しやすい場合なら，だれか代表がテーブルでお金を集めて，まとめて支払うことが多いと思います。
　それから，みなさんは，ワリカンという言葉を知っ

4章　海外への転校，海外からの転校

ているでしょう。グループで食べたり遊んだ代金を，みんなで平等に分け合うことですが，韓国の文化にはこのワリカンの習慣がないのです。そういう文化の国から来ると，私たちがやっているワリカンが，とても奇妙に思われるわけです。

　「自分が食べたり飲んだりしたんだから，自分で払うのが当然だ。もし，最初に誘った人が全部おごるんだったら，だれも誘わなくなっちゃうよ。だれか大人の人とか，部活動の先生が言うんなら話は別だけど」と思う人がいるかもしれません。この機会に，ごくあたりまえのことと思っていても，じつはそうではないこともあるということに気づいてほしいと思います。

　もう1つ，例をあげましょう。みなさんは，世界のある宗教を信じる人はある動物の肉を食べないとか，1日に何回か敷物を取り出してある方角を向いてお祈りするということを聞いたり，テレビで見たことがあるでしょう。「へえー！　そんな人たちがいるんだ」と驚いた人もいると思います。では，私たち日本人は宗教についてどうなんでしょう。

　日本に長く住むアメリカ人のケリーさんとその仲間が書いた本[★13]にあるエピソードをもとに，次の例を紹介します。

資料12　宗教は何？

　ある外国人が日本人の友人に，何の宗教に属しているのかを聞くと，何にも属していないと答え

> ました。それではと，家の中で目についたある箱のようなものを指さして，「あれは何？」と外国人が聞くと，「家族は〇〇宗に属している」と答えます。それで「家族というのは，お父さんのこと？」と聞くと「お父さんだけじゃなくて，家族全員がそうなんだ」と言います。「ということは，家族は〇〇宗だけど，君だけは属してないということ？」と重ねて聞きました。これを聞いて，日本人の友だちが「自分だけじゃなくて，家族のだれも宗教があるわけじゃないんだ」と答えたものですから，この外国人はますますわからなくなってしまいました。個人ではだれも属してないのに，家族は属している……。日本人の友だちも，どう答えていいのか困ってしまいました。

　日ごろは，自分たちがどんな宗教心をもっているのか，何を信じているのかということについて，それほど意識することはないかもしれません。でも，この例のようにあらためて問われてみると，うまく答えられないとともに，「そういえば……」と考えさせられる人もいるでしょう。

　お正月に初詣に出かける大勢の人を見て，日本人は宗教心に厚い国民だと考える外国人がいます。でも，結婚式やお葬式が，それぞれ異なる宗教でとり行われるのを見ると，いい加減な宗教心だと感じる人もいます。大部分の日本人には，「宗教心に厚い」「いい加減な宗教心」のどちらも，通常はほとんど意識していな

いことです。けれども、別の文化の人からはそのように見られることがあるわけです。

じつはそれと同じように、ある宗教ではある動物の肉を食べないとか、ある方角にお祈りをするという習慣を、特別な目で見るのは日本人の見方であって、その文化の人にとってはごくあたりまえのことである可能性があるのです。質問しても、「それは、信じているのだからあたりまえの習慣だ」と答えるのではないでしょうか。

ですから、私たちには奇妙に思えても、別の文化からはあたりまえのことがあり、逆に私たちがあたりまえに思っていても別の文化からは奇妙に見えることがあるということに気づいてください。外国人の転校生は、そうしたことを教えてくれる大切なゲストなのです。「変な人だ」「奇妙な習慣だ」「おかしなことをやってる」で終わらせないで、それをお互いが相手と自分のことを知るチャンスにしてほしいと思います。

◆──この章のまとめ

この章では、海外の学校との間での転校についてみてきました。日本の国内と違い、

言葉や文化が異なる地域の学校との間の転校ですから，とくに大きな環境の変化を経験することになります。

　アンカー・ポイントという意味では，日本国内での標準語と方言の違いどころではなく，外国の学校に行くのであればその国の言葉，そして日本に帰ってくるときには日本語がうまく使えるかどうかが問題です。言葉によってコミュニケーションが進み，お互いが理解できるようになることが非常に多いからです。

　さらに，外国の学校に長く通うときには，言葉とあわせて"自分は○○人だ"という思いさえ影響を受けることがありますから，日本の学校での生活では，毎日大きな変化を経験することになります。こういう人は，行動が違ってくることがあります。日本人なら何も感じないようなことを，とても不思議に思って聞いてくるかもしれません。また，外国人の転校生も含めて，文化の違いによるカルチャー・ショックについて，たとえばちょっとしたしぐさやジェスチャーにも思わぬ違いがあることを説明しました。

　ところで，私たちはこうした場面で，どうしたらいいのでしょう。まず第1に，いろいろな違いがあるんだ，あるいはそれにともなう誤解やトラブルが生じることがあるんだということを，前もって知っておくこと，あるいは意識することが大切です。この知識が，アンカー・ポイントになります。

　たとえば，みなさんは英語のYesとNoが日本語と逆

になることがあるのを知っていると思います。「あなたは，行きませんか？」と聞かれて，日本だと「はい，行きません」ですが，英語だと「いいえ，行きません」(No, I'm not going.) と答えます。もしアメリカ人が，この「はい」と「いいえ」を間違って使ったとしても，ミスしやすいことだと知っていれば，"変なやつだ"とは思わないでしょう。それと同じなのです。

　それから第2点めとして大切なことは，異なる文化を経験したり，そういう経験をした人との出会いは，「私たちがあたりまえだと思っていることが，じつはそうではない」ということに気づかせてくれることがあるということに気づくことです。資料9の，日本人が困ったときになんとなくニヤッとする習慣や，資料11で出てきた日本の学校での先輩・後輩関係などは，その話を聞いてみるまであまり考えることはないでしょう。「そうか，当然だと思ってたけど，私たちの特徴なんだ」と気づく良いチャンスです。

　こうした思いで外国の文化を体験したり，あるいはそこからの転校生を迎えるならば，お互いにとても良い出会いになるはずです。物珍しさだけではなく，「良いチャンスにしたい」「良いチャンスにできるかもしれない」という思いでいてほしいと願っています。

"はい"と"いいえ"

終章

新しい環境に移ること……
じつは転校だけの話じゃないことを
覚えていますか？

　もし私たちが，生まれてから死ぬまで，まったく同じ環境で過ごすとしたらどうなるでしょう。きっと，つまらない一生になるのではないでしょうか。人生の節目では，必ずだれか新しい人に出会ったり，新しいできごとを経験します。少しばかり苦しいことがあっても，そのことが私たちを，さらに成長させてくれます。

　そういうチャンスに出会ったら，みなさんがそれらの新しい経験をしっかりと活かしてほしい。そういう思いで，ここまで話してきました。

　新しく環境が変わるときには，自分の希望で経験する変化と，自分の思いとは関係なく経験することになる変化があります。どちらにしても，古い環境と新しい環境，そして「私」が関係します。古い環境を離れて，新しい環境に入り，「私」が新しい習慣やルール

に慣れて,知り合いや友人のネット・ワークを広げていきます。その拠点になるものがアンカー・ポイントで,それを通して新しい環境とのやりとりが進んだり,深まっていきます。

　この本の中では,2章では転校生を迎える場合,3章では自分が転校生になった場合,そして4章では海外の学校との転校の場合を説明してきました。それぞれに特徴があるのですが,一方で,アンカー・ポイントというキーワードで見るとき,上で述べたような共通の流れがあります。まず,どのようなものがアンカー・ポイントで,さらに,どのようにそれを手に入れたり,あるいは周囲の人が提供したらいいのか,また何がそれをじゃましたり,あるいはむずかしくするのかということを,わかりやすいと思われるものに絞って説明してきました。

　つまり,前もって手に入れることができる情報や,自分のこれまでの体験,言葉,そして友人関係をつくっていく社会的スキル,周囲で助けてくれる人(とくに親や前の学校の友だち),クラスの中のはじめの友だちなどを正のアンカー・ポイントとしてお話ししてきました。

　一方で,新しい環境でのネットワークづくりを妨害するものとして,「○○は,××だ」というステレオタイプ的な見方や,ごく限られた少ない情報での決めつけた考えなどをあげました。なお,これまで説明しませんでしたが,周囲の人ではなく,もし転校生自身

終章　新しい環境に移ること……

が新しい学校やクラスについてこうした見方や考え方をするなら，これは負のアンカー・ポイントとなります。新しい学校の人たちとのやりとりが進まなかったり，奇妙な方向にいってしまうことがあるからです。

　以上お話ししたことは，じつは転校だけに関するものではありません。みなさんが経験した中学校入学や高校入学（これから経験する人もいるでしょう）なども同じように考えることができます。転校と違う点は，同学年の人全員が同時に経験するということ，入学までにいくつかの準備があること，そして義務教育かそうでないかというような学校の種類の違いということでしょうか。

　そして，さらにいうならば，普通の毎日の生活でも友人やいろいろな知り合いのネットワークが広がっていくときに，ここでお話したことがあてはまります。ここでお話を終わりますが，読んでくださっているみなさんが，ぜひこれからの学校生活，そしてそれ以降の人生の中で，この本の中で伝えたかった新しい出会いを活かす方法を身につけてくださることを心から希望しています。

この本で引用した文献

★1　Secord, P. F.　1959　Stereotyping and favorableness in the perception of negro faces. *Journal of Abnormal and Social Psychology*, **59**, 306-314.

★2　Kelly, H. H.　1950　The warm-cold variable in first impression of persons. *Journal of Personality*, **18**, 431-439.

★3　小田義彦　1983・1985・1986・1988　地域言語への同化過程についての研究Ⅰ・Ⅱ・Ⅲ・Ⅳ　日本心理学会第47・49・50・52回大会発表論文集, 787・254・621・263.

★4　小泉令三　1986　転校生の適応援助と学級経営　教育心理, **34**, 564-569.

★5　横島章　1977　転校生の交友関係の成立過程　教育心理, **25**, 224-228.

★6　古川雅文・井上弥・石井眞治・藤原武弘・福田廣　1983　環境移行に伴う対人関係の認知についての微視発達的研究　心理学研究, **53**, 330-336.

★7　相川充・大城トモ子・横川和章　1983　魅力と返報性に及ぼす自己開示の効果　心理学研究, **54**, 200-203.

★8　戸ヶ崎泰子・岡安孝弘・坂野雄二　1997　中学生の社会的スキルと学校ストレスの関係　健康心理学研究, **10**, 23-32.

★9　大原正信・小泉令三　2002　学級を対象としたピア・サポートプログラムの試行的実践―中学1年生の2学期の道徳を利用して―　福岡教育大学心理教育相談研究, **6**, 111-118.

★10　樋口勝也・菊池章夫　1978　カルチャー・ショック実習の試み　福島大学教育学部論集（教育・心理）, **30**, 105-111.

★11　箕浦康子　1991　子供の異文化体験　思索社

★12　大橋敏子・近藤祐一・秦喜美恵・堀江学・横田雅弘　1994　外国人留学生とのコミュニケーション・ハンドブック―トラブルから学ぶ異文化理解―　アルク

★13　ポール・ケリー，カーティス・ケリー，エリ・ケリー　1994　ケリーさんのすれちがい100―日米ことば摩擦―　三省堂

[著者紹介]

小泉 令三（こいずみ・れいぞう）

1955年　福井県に生まれる。
　　　　福井県芦原町立芦原中学校卒業。福井県立藤島高校卒業。
　　　　大阪大学理学部卒業。兵庫教育大学大学院学校教育研究科修士課程修了。広島大学大学院教育学研究科博士課程前期修了。
現　在　福岡教育大学教育学部教授（学校心理学）
主　著　『社会性と感情の教育——教育者のためのガイドライン39』（編訳，北大路書房）
　　　　『中学一年生の心理——心とからだのめざめ』（共著，大日本図書）

心理学ジュニアライブラリ　08

新しい出会いを活かして 転校を心理学する	2002年10月20日　印刷 2002年10月30日　発行
	著　者　小泉令三
	発行者　小森公明
©2002　Koizumi Reizo	発行所　（株）北大路書房
Printed in Japan.　ISBN4-7628-2285-X 印刷・製本／（株）太洋社	〒603-8303　京都市北区紫野十二坊町12-8 電話（075）431-0361(代) FAX（075）431-9393 振替　01050-4-2083
定価はカバーに表示してあります。 検印省略	落丁・乱丁本はお取り替えいたします

心理学ジュニアライブラリを
読もうとしているみなさんへ

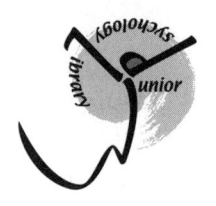

　心理学って，すごくおもしろいんです。そして，けっこう役に立つんです。
　といっても，心のケアが必要な人たちの手助けをするということだけではありません。どのような人たちにとっても，知っておくためになる学問です。ただし，「心理学を学んだら，人の心を見抜けるようになったり，人をあやつることができる」などというような意味ではありません。テレビや雑誌で紹介されている占いや心理テストのようなものとも違います。やたらとむずかしい，わけのわからないものでもありません。

　この心理学ジュニアライブラリでは，それぞれの巻ごとにテーマをしぼって，多くの人たちが気づいていなかったり誤解したりしているであろう『人の心のしくみ』について解説してあります。そして，その解説したことにもとづいて，私たち心理学者が，みなさんになんらかのメッセージを送ろうとしました。その内容は，いずれも，みなさんがよりよく生活していくうえで大切だと，私たちが自信を持って考えているものです。また，どの内容も，学校や家庭であらたまって学ぶことがめったにないものです。人生経験を積んでいくなかで自然に身につくこともあまりないでしょう。これが，私たちがこのようなライブラリを発刊しようと考えた理由です。

　この心理学ジュニアライブラリを通して「へぇー」とか「なるほど」というように感じながら『人の心のしくみ』についての新たな知を得，それをこれからの人生に少しでも活かしていただければ幸いです。

　　　　　　　　企画編集委員　吉田寿夫・市川伸一・三宮真智子

◆ 心理学ジュニアライブラリ ◆
（四六判・各巻112〜132ページ・本体価格1200円）

00巻　心理学って何だろう　　　　　　　　　市川　伸一
中高生のほとんどは，心理学とはどういうものかを知らないが，いろんなイメージはもっている。高校のクラスで行った大学教授の授業から，現代の心理学の姿を描く。「総合学習で学ぶ心のしくみとはたらき」と題した付録冊子付き。

01巻　じょうずな勉強法——こうすれば好きになる
　　　　　　　　　　　　　　　　　　　　　　麻柄　啓一
「たくさんのことを簡単に覚える方法があれば…」と思ったことがあるだろう。この本を読むと勉強について新しい発見ができ，見方も変わってくる。勉強が必ず好きになる本。

02巻　読む心・書く心——文章の心理学入門
　　　　　　　　　　　　　　　　　　　　　　秋田喜代美
文章を読んだり書いたりする時に，心の中で何が起こっているのだろうか。その心のしくみがわかると，読む時・書く時に自分の心を見つめるまなざしが変わってくる。

03巻　やる気はどこから来るのか——意欲の心理学理論
　　　　　　　　　　　　　　　　　　　　　　奈須　正裕
勉強をめぐって，先生や親から「為せば成る」とお説教されたことがあるだろう。意欲を出さない自分がわるいのだろうか。勉強への意欲について，心のしくみを解き明かす。

04巻　考える心のしくみ——カナリア学園の物語
　　　　　　　　　　　　　　　　　　　三宮真智子

　本当の賢さとは何か？　架空の学校「カナリア学園」では，賢さの種類，考えることを妨げるからくりなど，考える心のしくみをテーマに魅力的な授業が展開される。

05巻　人についての思い込みⅠ——悪役の人は悪人？
　　　　　　　　　　　　　　　　　　　吉田　寿夫

　「人について決めつけずに柔軟に考える力」というものは，学校の勉強だけでは十分には身につかない。本書を通して，人生の早い時期に，この考える力を身につけよう。

06巻　人についての思い込みⅡ——A型の人は神経質？
　　　　　　　　　　　　　　　　　　　吉田　寿夫

　イメージや第一印象にとらわれた「○○は××だ」といった決めつけた考え方。なぜそんなふうに思ってしまうのか。その心のしくみを豊富な具体例で説明し，対処法も提案。

07巻　女らしさ・男らしさ——ジェンダーを考える
　　　　　　　　　　　　　　　　　　　森永　康子

　「女と男は違う！」というあなた。本当に違っているのだろうか。本当に違うなら，どうしてそんな違いができたのか。「女・男」にしばられずに自分らしく生きていくヒント。

08巻　新しい出会いを活かして——転校を心理学する
　　　　　　　　　　　　　　　　　　　小泉　令三

　転校や入学，クラス替えの時など，自分が新しい環境に移る時には新しい出会いがある。その体験を活かすためにはどのように考え行動したらよいか，様々なアドバイスを用意。